Gianluca Pedrotti

Italienisch üben

Hören & Sprechen A2

Buch mit Audios online

Hueber Verlag

Der kostenlose MP3-Download zum Buch ist unter
www.hueber.de/audioservice erhältlich.

3. 2. 1. | Die letzten Ziffern
2024 23 22 21 20 | bezeichnen Zahl und Jahr des Druckes.
Alle Drucke dieser Auflage können, da unverändert, nebeneinander benutzt werden.
1. Auflage

Umschlaggestaltung: Sieveking · Agentur für Kommunikation, München
Layout und Satz: Sieveking · Agentur für Kommunikation, München
Verlagsredaktion: Stephanie Pfeiffer, Hueber Verlag, München, Valerio Vial, München
Druck und Bindung: Friedrich Pustet GmbH & Co. KG, Regensburg
Printed in Germany
ISBN 978–3–19–167909–5

Art. 530_26952_001_01

Inhaltsverzeichnis

Vorwort

Liebe Lernerinnen, liebe Lerner,

Italienisch üben Hören & Sprechen A2 ist ein Übungsbuch für Anfänger mit Vorkenntnissen auf Niveau A2 zum selbstständigen Üben und Wiederholen. Es eignet sich auch für den unterrichtsbegleitenden Einsatz, zur Überbrückung von Kurspausen oder zur Vorbereitung auf Prüfungen der Niveaustufe A2 des *Gemeinsamen Europäischen Referenzrahmens*.

Italienisch üben Hören & Sprechen A2 orientiert sich an den gängigen A2-Lehrwerken für den Kursunterricht und trainiert die Fertigkeiten Hören und Sprechen auf diesem Niveau. Die abwechslungsreichen Hörverständnis- und Sprechübungen behandeln alle für die Bewältigung der Alltagskommunikation wichtigen Themen und den entsprechenden Wortschatz.

Italienisch üben Hören & Sprechen A2 bietet die Lösungen zu sämtlichen Übungen direkt auf der Folgeseite bzw. auf den Folgeseiten. Dort sind zur Erfolgs- und Verständnissicherung auch die Hörtexte zu den Übungen abgedruckt.

Italienisch üben Hören & Sprechen A2 besteht aus dem vorliegenden Übungsbuch und Sprachaufnahmen im MP3-Format, die Sie unter **www.hueber.de/audioservice** herunterladen können. Die vertonten Texte sind im Buch jeweils mit dem Symbol ▶ 15 gekennzeichnet. Die Zahl gibt den jeweiligen Track an.

Bitte hören Sie die Texte und Dialoge mehrmals und benutzen Sie zum Nachsprechen bei Bedarf auch die Pause-Funktion Ihres Abspielgeräts. So können Sie die Länge der Pausen nach Ihren Bedürfnissen individuell steuern.

Und nun wünschen wir Ihnen viel Spaß und viel Erfolg!

Autor und Verlag

A Faccio un corso di...

A1 Sei nuova qui?

▶ 01 **1a Hören Sie den Dialog zwischen Alessandro und Catherine, die sich in einem Sprachkurs kennenlernen, und kreuzen Sie an.**

1. Catherine conosce Alessandro a un corso di
   ☐ cinese. ☐ giapponese.
2. Per Catherine è la prima lezione perché era
   ☐ in viaggio. ☐ malata.
3. L'insegnante è
   ☐ severa e anziana. ☐ simpatica e giovane.

▶ 01 **1b Hören Sie den Dialog noch einmal und vervollständigen Sie die Tabelle.**

	Alessandro	Catherine
Nazionalità		
Città di provenienza		
Stato civile		
Età		
Motivazione per studiare la lingua		

▶ 02 **1c Sie sind neu im Italienischkurs und machen Bekanntschaft mit Martin aus Frankreich. Bereiten Sie sich mithilfe der folgenden Angaben auf das Gespräch vor und starten Sie dann die Aufnahme.**

1. Sie grüßen zurück und fragen, ob der Platz frei ist.
2. Sie sagen Ihren Namen.
3. Sie sagen, woher Sie kommen (Nationalität und Stadt). Sie fragen Martin nach seiner Herkunft.
4. Sie sagen Ihren Familienstand, ob und wie viele Kinder Sie haben.
5. Sie sagen, Sie lernen Italienisch, weil Ihnen die Kultur gefällt. Sie fahren oft nach Italien in den Urlaub und möchten mit den Leuten kommunizieren.

A1 Sei nuova qui?

▶ 01 1a Text / Lösung

- ■ Ciao! È libero qui?
- ● Sì, certo, prego.
- ■ Sei nuova qui?
- ● Eh... sì, oggi è il mio primo giorno. Purtroppo le prime due settimane sono stata malata e quindi non ho potuto partecipare al corso di cinese.
- ■ Ah, ho capito. Comunque... io sono Alessandro.
- ● Piacere. Io sono Catherine. Sei di qui?
- ■ Sì, sono italiano, di Bologna. Tu, invece, di dove sei?
- ● Sono inglese, di Manchester, però vivo in Italia da alcuni anni. Sono arrivata a Bologna come studentessa Erasmus, poi ho trovato l'amore e mi sono fermata qui...
- ■ Ma dai! Quindi hai incontrato un italiano e non te ne sei più andata...
- ● Beh, un'italiana, per la precisione. Ho conosciuto mia moglie sei anni fa e l'anno scorso abbiamo deciso di sposarci. E tu?
- ■ Io sono di nuovo single, o meglio, sono divorziato. Senti, ma perché studi il cinese?
- ● Per motivi di lavoro. Sono manager in un'azienda di moda e abbiamo molti contatti con la Cina. Con i clienti usiamo l'inglese, ma voglio imparare la lingua per parlare un po' con loro. E tu? Anche tu studi il cinese per lavoro?
- ■ No, non proprio. Imparo la lingua perché mi piace la sua cultura. Sai, ho deciso di prendermi un periodo di pausa dal lavoro e il prossimo anno voglio partire per la Cina per alcuni mesi.
- ● Ah, interessante! Senti, ma com'è l'insegnante? È simpatica o severa? Sai, sono un po' nervosa perché per me è la prima lezione... Non capirò nulla!
- ■ È simpatica e spiega molto bene. E poi è giovanissima, ha 26 anni.
- ● Ah, allora siamo quasi coetanee, io ho 28 anni. E tu?
- ■ Eh, no, io ne ho alcuni di più. Ne ho 42.

1. Catherine conosce Alessandro a un corso di ☒ cinese.
2. Per Catherine è la prima lezione perché era ☒ malata.
3. L'insegnante è ☒ simpatica e giovane.

▶ 01 **1b Lösung**

	Alessandro	Catherine
Nazionalità	*italiano*	*inglese*
Città di provenienza	*Bologna*	*Manchester*
Stato civile	*divorziato*	*sposata*
Età	*42 (anni)*	*28 (anni)*
Motivazione per studiare la lingua	*per la cultura*	*per il lavoro*

▶ 02 **1c Text / Lösung**

● Ciao!

■ Ciao! È libero qui?

● Sì, certo, prego. Io sono Martin, piacere.

■ Piacere. Io sono *Ihr Name*.

● E di dove sei?

■ Sono *Ihre Nationalität*, di *Ihre Stadt*. E tu, di dove sei?

● Sono francese, di Marsiglia. Io e mia moglie abbiamo deciso di venire a vivere in Italia a giugno e ora… eccomi qui. E tu, sei sposata (sposato)?

■ Sì, sono sposata (sposato)… / No, non sono sposata (sposato)… / No, sono single… / No, sono divorziata (divorziato)… / No, sono separata (separato)… e / ma ho *X* figli / ma non ho figli.

● Senti, e perché studi l'italiano?

■ Studio l'italiano perché mi piace la cultura. Vengo spesso in Italia in vacanza e voglio comunicare con la gente.

● Ah, interessante! Io lo studio per amore e per il lavoro. Mia moglie è italiana e ora viviamo qui. Ma devo imparare la lingua per trovare un lavoro. Ah, ecco l'insegnante…

▲ Buonasera a tutti. Benvenuti al corso d'italiano.

A2 C'è un test d'ingresso?

▶ 03 **2a Hören Sie zu und kreuzen Sie das passende Bild an.**

▶ 03 **2b Hören Sie noch einmal und kreuzen Sie an, ob die Aussagen richtig (*vero*) oder falsch (*falso*) sind.**

	vero	falso
1. Jorge ha avuto dei problemi con l'iscrizione online.	☐	☐
2. Jorge vuole fare un corso per due mesi.	☐	☐
3. La scuola offre corsi d'italiano solo di mattina.	☐	☐
4. Le lezioni iniziano alle 9:00 e finiscono alle 12:00.	☐	☐
5. Il test d'ingresso è diviso in due parti.	☐	☐
6. Il corso di Jorge inizia martedì prossimo.	☐	☐

▶ 03 **2c Hören Sie den Dialog ein weiteres Mal und ergänzen Sie die folgenden Wörter hier unten und auf Seite 11.**

lezioni • test d'ingresso • iscrizione • colloquio • costa • livello • lunedì • intensivo • sconto • iscrizione

■ Buongiorno.

● Buongiorno. Senta, ho guardato il vostro sito Internet e volevo fare l'________________ online, ma non è stato possibile. Così ho pensato di venire qui in ufficio perché abito vicino.

■ Oh, mi dispiace! Purtroppo abbiamo avuto dei problemi con il server questa settimana.

● Non c'è problema. Dunque, io vorrei fare un corso __________ d'italiano per gli affari per due mesi. È possibile?

■ Sì, certo. Tutti i nostri corsi, sia standard che intensivi, iniziano il __________. Offriamo sia corsi di giorno, la mattina e il pomeriggio, che di sera. Lei ha preferenze?

● Sì, preferirei frequentare il corso la mattina. Quando iniziano le __________?

■ Dunque, le lezioni iniziano alle nove e finiscono all'una.

● Ah, perfetto! C'è un __________?

■ Sì, certo. Il test è diviso in due: un esame scritto e poi un __________ con un insegnante. Secondo me, Lei ha già un __________ intermedio, parla molto bene l'italiano.

● Oh, grazie mille! Senta, quanto __________ il corso per due mesi?

■ 150 € a settimana, ma questo mese abbiamo un'offerta. Riceve uno __________ del 15%.

● Ah, fantastico! Allora, per me va bene. Vorrei iniziare lunedì prossimo.

■ Bene. Mi servirebbero alcune informazioni per l'__________. Come si chiama?

● Jorge Sanchez.

▶ 04 **2d Nun rufen Sie die Sprachschule in Italien an (Rolle ●) und erkundigen sich nach Urlaubskursen. Orientieren Sie sich am Dialog aus Übung 2c und den folgenden Angaben.**

1. Sie möchten einen Italienischkurs im August machen und fragen, ob das möglich ist.
2. Sie bevorzugen einen Kurs am Vormittag und fragen, wann der Unterricht beginnt.
3. Sie fragen, ob es einen Einstufungstest gibt.
4. Sie fragen, wie viel der Kurs für drei Wochen kostet.
5. Sie sagen, dass der Kurs für Sie in Frage kommt.

Esempio

■ Scuola di lingue "Dialogo", buongiorno.

● Buongiorno, vorrei fare un corso d'italiano in...

A2 C'è un test d'ingresso?

▶ 03 **2a Lösung**

Zum Dialog passt Bild B.

▶ 03 **2b Lösung**

	vero	falso
1. Jorge ha avuto dei problemi con l'iscrizione online.	☒	☐
2. Jorge vuole fare un corso per due mesi.	☒	☐
3. La scuola offre corsi d'italiano solo di mattina. *La scuola offre sia corsi di giorno che di sera.*	☐	☒
4. Le lezioni iniziano alle 9:00 e finiscono alle 12:00. *Le lezioni finiscono all'una.*	☐	☒
5. Il test d'ingresso è diviso in due parti.	☒	☐
6. Il corso di Jorge inizia martedì prossimo. *Il corso inizia lunedì prossimo.*	☐	☒

▶ 03 **2c Text / Lösung**

■ Buongiorno.

● Buongiorno. Senta, ho guardato il vostro sito Internet e volevo fare l'*iscrizione* online, ma non è stato possibile. Così ho pensato di venire qui in ufficio perché abito vicino.

■ Oh, mi dispiace! Purtroppo abbiamo avuto dei problemi con il server questa settimana.

● Non c'è problema. Dunque, io vorrei fare un corso *intensivo* d'italiano per gli affari per due mesi. È possibile?

■ Sì, certo. Tutti i nostri corsi, sia standard che intensivi, iniziano il *lunedì*. Offriamo sia corsi di giorno, la mattina e il pomeriggio, che di sera. Lei ha preferenze?

● Sì, preferirei frequentare il corso la mattina. Quando iniziano le *lezioni*?

■ Dunque, le lezioni iniziano alle nove e finiscono all'una.

● Ah, perfetto! C'è un *test d'ingresso*?

- ■ Sì, certo. Il test è diviso in due: un esame scritto e poi un *colloquio* con un insegnante. Secondo me, Lei ha già un *livello* intermedio, parla molto bene l'italiano.
- ● Oh, grazie mille! Senta, quanto *costa* il corso per due mesi?
- ■ 150 € a settimana, ma questo mese abbiamo un'offerta. Riceve uno *sconto* del 15%.
- ● Ah, fantastico! Allora, per me va bene. Vorrei iniziare lunedì prossimo.
- ■ Bene. Mi servirebbero alcune informazioni per l'*iscrizione*. Come si chiama?
- ● Jorge Sanchez.

▶ 04 **2d Text / Lösung**

- ■ Scuola di lingue "Dialogo", buongiorno.
- ● Buongiorno, (io) vorrei fare un corso d'italiano in agosto. È possibile?
- ■ Dunque, tutti i nostri corsi estivi iniziano il primo lunedì del mese e durano tre settimane. Offriamo sia corsi di giorno, la mattina e il pomeriggio, che di sera. Lei ha preferenze?
- ● Sì, preferirei / preferisco / vorrei frequentare il corso la mattina. Quando iniziano le lezioni?
- ■ Dunque, le lezioni iniziano alle nove e finiscono all'una.
- ● Ah, perfetto! C'è un test d'ingresso?
- ■ Sì, certo, subito all'inizio. Il test è diviso in due: un esame scritto e poi un colloquio con un insegnante. Alla fine Le diciamo quale corso può frequentare.
- ● Senta, quanto costa il corso per tre settimane?
- ■ 150€ a settimana, ma questo mese abbiamo un'offerta. Riceve uno sconto del 15%.
- ● Allora, per me va bene.
- ■ Bene. Per l'iscrizione mi servirebbero ancora alcune informazioni per iscritto. Mi potrebbe mandare una mail con ...

A3 Sbagliando s'impara!

▶ 05 **3a Hören Sie den Dialog und entscheiden Sie, welche Situation dazu passt.**

☐ Un giornalista intervista due persone in strada.

☐ Un giornalista intervista due persone in radio.

☐ Un insegnante parla con due studenti a lezione.

▶ 05 **3b Hören Sie den Dialog noch einmal und kreuzen Sie an.**

1. Hannah studia l'italiano ☐ da 3 anni. ☐ da 4 anni.
2. Hannah ha studiato l'italiano ☐ solo all'università. ☐ all'università e in Italia.
3. Rami ☐ parlava ☐ non parlava l'italiano prima di venire in Italia.
4. Rami ☐ non ha imparato ☐ ha imparato molto con i colleghi.
5. Per Hannah parlare in italiano ☐ è stato facile. ☐ è stato difficile.
6. A Rami ☐ piace ☐ non piace studiare la coniugazione dei verbi.
7. Rami e Hannah amano imparare l'italiano con ☐ le serie TV. ☐ le canzoni.

▶ 06 **3c Sie werden während Ihrer Sprachreise in Italien für den Podcast der Sprachschule interviewt. Übernehmen Sie die Rolle ● und beantworten Sie die Fragen zu Ihren Lernerfahrungen mithilfe der Angaben.**

■ È la settimana della lingua italiana nel mondo e oggi abbiamo con noi un nostro studente che studia l'italiano da qualche tempo. Allora, iniziamo con la prima domanda: da quanto tempo studi l'italiano?

Sie lernen seit circa zwei Jahren Italienisch.

● ______________________________

____

■ E dove lo hai studiato?

Sie haben drei Kurse an der VHS (= scuola popolare per adulti) besucht. Und schon letztes Jahr haben Sie einen Sommerkurs in Rom gemacht.

● ______________________________

____

____

____

■ Beh, complimenti, lo parli davvero bene! Ma imparare una lingua non è un percorso facile. Secondo te, qual è la difficoltà più grande?

Für Sie ist es schwierig, neue Wörter zu lernen und fließend zu sprechen, ohne dabei viele Fehler zu machen.

● ______________________________

____

____

■ Beh, però sai come si dice in italiano, sbagliando s'impara! Gli errori sono importanti per migliorare e imparare. Ultima domanda: come ti piace imparare una lingua?

Sie lieben italienisches Kino und schauen gerne Filme in italienischer Sprache an. Sie lernen (dadurch) immer viele Wörter.

● ______________________________

____

____

A3 Sbagliando s'impara!

▶ 05 **3a Text / Lösung**

■ È la settimana della lingua italiana nel mondo e oggi, con noi in studio, abbiamo due studenti d'italiano, Rami e Hannah. Ciao, ragazzi. Grazie di essere qui.

● Ciao, grazie a te!

▲ Ciao e grazie dell'invito.

■ Bene, iniziamo allora con le prime due domande. Da quanto tempo studiate l'italiano? E dove lo avete studiato?

● Inizio io? Allora, studio l'italiano da circa tre anni, ho cominciato all'università. Ho fatto due corsi, ma alla fine non ho imparato molto perché in classe parlavamo sempre in tedesco. Poi sono venuta in Italia e così ho migliorato il mio italiano...

■ E tu, invece, Rami?

▲ Dunque, io studio l'italiano da un anno e mezzo. Sono venuto in Italia e non sapevo neanche una parola. Ho frequentato alcuni corsi d'integrazione e poi ho trovato un lavoro come panettiere. E grazie ai miei colleghi ho imparato molto.

■ Beh, complimenti a entrambi! Imparare una lingua, però, non è un percorso facile. Secondo voi, quali sono le difficoltà maggiori?

● Beh, per me parlare è stato difficile all'inizio. Avevo paura di fare errori di grammatica e quindi in classe ero molto timida. Poi il mio insegnante mi ha spiegato che gli errori sono parte del percorso. E da allora sono molto più sicura di me stessa.

■ Insomma, come si dice in italiano, sbagliando s'impara! E per te, Rami?

▲ Mah, io ho avuto qualche problema con la grammatica all'inizio. Non mi piace studiare la coniugazione dei verbi, soprattutto quelli irregolari. Però anch'io ho avuto un'ottima insegnante che mi ha spiegato le regole in modo divertente e motivante.

■ Ultima domanda: come vi piace imparare una lingua?

● Mhmm... io amo la musica e adoro ascoltare le canzoni in lingua italiana. Imparo sempre un sacco di parole.

▲ Anch'io! Davvero! Grazie alle canzoni di cantanti e rapper italiani ho imparato molte espressioni colloquiali come "che figo"!

☒ Un giornalista intervista due persone in radio.

▶ 05 **3b Lösung**

1. Hannah studia l'italiano ☒ da 3 anni.
2. Hannah ha studiato l'italiano ☒ all'università e in Italia.
3. Rami ☒ non parlava l'italiano prima di venire in Italia.
4. Rami ☒ ha imparato molto con i colleghi.
5. Per Hannah parlare in italiano ☒ è stato difficile.
6. A Rami ☒ non piace studiare la coniugazione dei verbi.
7. Rami e Hannah amano imparare l'italiano con ☒ le canzoni.

▶ 06 **3c Text / Lösung**

■ È la settimana della lingua italiana nel mondo e oggi abbiamo con noi un nostro studente che studia l'italiano da qualche tempo. Allora, iniziamo con la prima domanda: da quanto tempo studi l'italiano?

● Studio / Imparo l'italiano da circa due anni.

■ E dove lo hai studiato?

● Ho frequentato tre corsi alla scuola popolare per adulti. E già l'anno scorso ho fatto un corso estivo a Roma.

■ Beh, complimenti, lo parli davvero bene! Ma imparare una lingua non è un percorso facile. Secondo te, qual è la difficoltà più grande?

● Per me è difficile imparare nuove parole e parlare fluentemente, senza fare tanti errori.

■ Beh, però sai come si dice in italiano, sbagliando s'impara! Gli errori sono importanti per migliorare e imparare. Ultima domanda: come ti piace imparare una lingua?

● Amo il cinema italiano e mi piace guardare i film in lingua italiana. Imparo sempre tante parole.

B Eh, ma una volta non c'era!

B1 I mitici anni '70

▶ 07 **1a Hören Sie das Gespräch zwischen Sara und ihrem Sohn Luca über die 70er Jahre und kreuzen Sie an, welche Gegenstände dort erwähnt werden.**

☐ pantaloni a zampa d'elefante

☐ Fiat 126

☐ cassetta

☐ cabina telefonica

☐ giradischi

☐ TV in bianco e nero

▶ 07 **1b Hören Sie das Gespräch noch einmal und kreuzen Sie an, ob die Aussagen richtig oder falsch sind.**

	vero	falso
1. Nel 1975 Sara lavorava come sarta.	☐	☐
2. La moda di questo periodo non era molto creativa.	☐	☐
3. In casa della madre di Luca non c'era la TV.	☐	☐
4. Non esistevano le discoteche.	☐	☐
5. Alla madre di Luca piaceva la musica rock e pop.	☐	☐
6. Sara non poteva mai usare la 126 del padre.	☐	☐

▶ 08 **1c Ein Blick zurück in die 90er Jahre. Sie werden über die Situation in den 90er Jahren befragt. Antworten Sie anhand der Angaben, wie im Beispiel.**

Esempio 1991 war ich in Rom und war 32 Jahre alt.

■ Nel 1991 esce la canzone dei R.E.M. "Losing My Religion". Tu, dov'eri in quell'anno?

▲ Nel 1991 ero a Roma e avevo 32 anni.

1. 1994 war ich in Berlin und war 23 Jahre alt.
2. Die Mode der 90er Jahre war bunt und extravagant.
3. Es gab nicht die Technologie von heute. Wir hatten keine Handys und kein Internet, zu Hause gab es nur das Festnetztelefon.
4. Die Musik der 90er Jahre war innovativ: Die bekanntesten Künstler waren Madonna und Michael Jackson.

B1 I mitici anni ’70

▶ 07 **1a Text / Lösung**

■ Mamma, guarda che cosa ho trovato in un cassetto del mobile in salotto... L’hai comprato tu questo libro, “I mitici anni ’70”?

● Ah, sì, l’ho preso qualche tempo fa in un mercatino delle pulci in un momento di nostalgia del passato. È un libro interessante con fatti su quegli anni: parla di moda, icone, eventi politici...

■ Vediamo un po’... Ah, guarda, il 31 ottobre del 1975 usciva il singolo dei Queen “Bohemian Rapsody”. Tu, dov’eri in quell’anno?

● Nel 1975... dunque, sì, nel 1975 avevo 24 anni e lavoravo a Milano come sarta per una piccola casa di moda. Era un periodo molto creativo per la moda italiana: minigonne, accessori e naturalmente i pantaloni a zampa di elefante.

■ ... a zampa di elefante? E com’erano?

● Beh, lo dice la parola stessa. Avevano la forma di una zampa di elefante: erano stretti fino al ginocchio e poi molto larghi in fondo. E pensa, sono tornati di moda proprio in questo periodo.

■ Mi sembra un passato così lontano! E com’era la vita per un giovane in quegli anni?

● Beh, diciamo che non esisteva tutta la tecnologia di oggi. La televisione era in bianco e nero e c’erano solo due canali: Rai Uno e Rai Due. In quel periodo i nostri parenti, zia Giulia, zio Paolo e i figli, venivano da noi perché eravamo gli unici ad avere un televisore. Spesso guardavamo insieme i programmi TV come il Festival di Sanremo.

■ E come ci si divertiva? C’erano le discoteche?

● Ma che domande! Certo che c’erano... Ma si chiamavano in un altro modo: erano le sale da ballo e suonavano musica dal vivo. In quegli anni mi piaceva la musica rock e pop.

■ Non immaginavo questa tua anima rock! Ma avevi la macchina?

● Io no, ma il nonno aveva una tipica auto degli anni ’70, la Fiat 126. A volte, però, potevo usarla per uscire con le amiche...

■ Ma parli della 126 rossa che c’è in garage?

● Sì, proprio quella! E va ancora dopo tutti questi anni!

☒ pantaloni a zampa d’elefante ☒ Fiat 126 ☒ TV in bianco e nero

▶ 07 **1b Lösung**

	vero	falso
1. Nel 1975 Sara lavorava come sarta.	☒	☐
2. La moda di questo periodo non era molto creativa. *La moda italiana era molto creativa.*	☐	☒
3. In casa della madre di Luca non c'era la TV. *In famiglia c'era un televisore e i parenti andavano a casa loro a vedere i programmi.*	☐	☒
4. Non esistevano le discoteche. *Le discoteche esistevano, ma si chiamavano "sale da ballo".*	☐	☒
5. Alla madre di Luca piaceva la musica rock e pop.	☒	☐
6. Sara non poteva mai usare la 126 del padre. *Il padre le permetteva di usare la sua auto qualche volta.*	☐	☒

▶ 08 **1c Text / Lösung**

1. ■ Nel 1994 esce la canzone "Eins, Zwei Polizei". Tu, dov'eri in quell'anno?
   ▲ Nel 1994 ero a Berlino e avevo 23 anni.
2. ■ Com'era la moda degli anni '90?
   ▲ La moda degli anni '90 era colorata e stravagante.
3. ■ Com'era la vita per un giovane in quegli anni?
   ▲ Non esisteva la tecnologia di oggi. Non avevamo cellulari o Internet, in casa c'era solo il telefono fisso.
4. ■ Com'era la musica degli anni '90?
   ▲ La musica degli anni '90 era innovativa: gli artisti più famosi erano Madonna e Michael Jackson.

B2 Passavamo sempre l'estate lì...

▶ 09 **2a Hören Sie und kreuzen Sie an: Welches Foto passt zum Dialog?**

☐

☐

☐

▶ 09 **2b Hören Sie den Dialog noch einmal und kreuzen Sie an.**

1. Nella foto il bambino ha ☐ dodici anni. ☐ dieci anni.
2. In estate, da bambino, Carlo passava due mesi
   ☐ in montagna. ☐ in campagna. ☐ al mare. ☐ in città.
3. Sua madre faceva ☐ l'insegnante. ☐ l'ingegnere.
4. Il padre di Carlo ☐ rimaneva con la famiglia tutto il tempo.
   ☐ rimaneva in città a lavorare.
5. In vacanza Carlo ☐ leggeva. ☐ guardava la TV. ☐ giocava a tennis.
   ☐ ascoltava musica. ☐ andava nel bosco. ☐ giocava a nascondino.

▶ 10 **2c Die beiden Freunde unterhalten sich weiter. Hören Sie die Fortsetzung und kreuzen Sie an, was sich auf dem Foto befindet, das Carlo diesmal zeigt.**

Carlo mostra...

☐ la foto del suo primo giorno di scuola.
☐ la foto del matrimonio della sorella.
☐ la foto della prima comunione.

▶ 10 **2d Hören Sie den Dialog weitere Male und konzentrieren Sie sich dabei mal auf die Beschreibung von Carlo als Kind, mal auf die Beschreibung von Marta als Kind. Ergänzen Sie dabei nach und nach die Tabelle.**

	fisico	capelli	occhi	carattere
Carlo da bambino	*Era (un po') grasso.*			
Marta da bambina				*Era allegra e...*

▶ 11 **2e Beantworten Sie die Fragen Ihres Gesprächspartners und beschreiben Sie das Aussehen sowie den Charakter der folgenden Personen und wie Sie ihre Kindheit verbrachten.**

Esempio

- magra, capelli corti e neri

■ Com'era Giulia da bambina?
▲ Da bambina Giulia era magra e aveva i capelli corti e neri.

- aperta e disponibile

■ E com'era di carattere?
▲ Era aperta e disponibile.

- incontrare gli amici e giocare a nascondino

■ Come passava le giornate da bambina?
▲ Incontrava gli amici e giocava a nascondino.

1. Alessio
- un po' robusto, capelli castani e ricci, occhi verdi
- coraggioso e generoso
- andare al mare, rimanere lì tre settimane

2. Luisa
- molto magra, capelli biondi lisci
- decisa e dinamica
- nuotare per ore, fare lunghe passeggiate sulla spiaggia

3. Marco
- occhi azzurri, capelli mossi neri
- sincero e aperto, ma anche pigro
- andare dalla nonna a pranzo e guardare la TV

B2 Passavamo sempre l'estate lì...

▶ 09 2a Text / Lösung

■ Milleduecento foto sul tuo profilo Instagram®? Carlo, sei proprio malato di social. Non è che vuoi diventare un influencer famoso?

● Ah ah... Ma quale influencer famoso! No, no. Amo condividere i ricordi più belli con gli amici e i parenti e su Instagram® ho un sacco di momenti belli passati con loro. Ora ti mostro qualche immagine. Ecco, vedi, questo sono io da bambino.

■ Ah, guarda che bel bambino! Ma quanti anni avevi?

● Qui avevo dieci anni circa, sì.

■ Beh, però eri un po' diverso rispetto a oggi. E guarda mamma Giulia e papà Sandro, che carini! Ma dove eravate?

● Eravamo a Bormio. Da bambino passavo sempre l'estate tra le montagne della Valtellina perché mio nonno aveva una fattoria. Restavamo lì due mesi, da luglio a settembre.

■ Ma dai, non lo sapevo! Quindi facevi sempre le vacanze estive in montagna?

● Proprio così. Non andavamo mai al mare. Mia madre lavorava come insegnante d'inglese, quindi l'estate era libera. Quando la scuola finiva, a fine giugno, lasciavamo il caos della città e partivamo per Bormio, dove rimanevamo fino all'inizio di settembre.

■ E tuo padre?

● Mio padre rimaneva a Milano a lavorare nel negozio di famiglia, però veniva a trovarci ogni fine settimana. Poi ad agosto si prendeva due settimane di ferie e ci raggiungeva.

■ Ma non ti annoiavi da solo in montagna per due mesi?

● Beh, da bambino mi piaceva leggere e quindi passavo la mattina fra i libri. E poi il pomeriggio stavo con mia sorella e con i figli dei vicini di casa: giocavamo a nascondino oppure facevamo lunghe passeggiate nel bosco e raccoglievamo lamponi, fragole...

■ Che belle vacanze! Però eri molto diverso da bambino rispetto a oggi. Eri più...

● Aspetta, ti faccio vedere altre foto...

Zum Dialog passt Foto C.

▶ 09 **2b Lösung**

1. Nella foto il bambino ha ☒ dieci anni.
2. In estate, da bambino, Carlo passava due mesi ☒ in montagna.
3. Sua madre faceva ☒ l'insegnante.
4. Il padre di Carlo ☒ rimaneva in città a lavorare.
5. In vacanza Carlo ☒ leggeva ☒ andava nel bosco ☒ giocava a nascondino.

▶ 10 **2c Text / Lösung**

● Un attimo, aspetta... Ne sto cercando una bella sul cellulare. Ecco, guarda questa qui.

■ Oh, ma questo è il primo giorno di scuola!

● Sì, sì... Era il mio primo giorno alla scuola elementare. Vedi, c'è anche mia sorella.

■ Ah, sì, tua sorella Marta. Che carini che siete qui! Certo che tu eri proprio un po' grasso.

● Eh, sì. Mi piaceva mangiare e non facevo molta attività fisica. Anzi, odiavo lo sport. Sì, devo dire che ero un po' pigro da bambino.

■ Beh, oggi non è che sei uno sportivo... Però anche allora avevi gli occhi azzurri! Ma i capelli? In questa foto hai i capelli biondi e... lunghi!

● Eh, sì! Da bambino ero biondo, poi con il tempo i capelli sono diventati più scuri e oggi sono castani... Avevo i capelli lunghi perché odiavo andare dal barbiere.

■ Tua sorella, invece, non è proprio cambiata! Aveva gli occhi verdi ed era magrissima!

● Sì, era magra come un grissino! In quel periodo faceva già danza classica ed era molto atletica. Guarda, aveva i capelli rossi lisci e spesso portava le trecce.

■ Beh, nella foto tua sorella è così sorridente e tu sembri un po' timido. Com'eravate di carattere da bambini?

● Mah, da bambino ero abbastanza introverso e forse un po' chiuso. Spesso mi piaceva stare da solo in camera con i miei libri. Mia sorella, invece, era una bambina allegra ed estroversa. Le piaceva conoscere nuove persone, era curiosa e faceva sempre un sacco di domande.

■ Insomma, eravate due opposti...

Carlo mostra ☒ la foto del suo primo giorno di scuola.

▶ 10 2d Lösung

	fisico	capelli	occhi	carattere
Carlo da bambino	*Era (un po') grasso.*	*Era biondo. / Aveva i capelli lunghi e biondi.*	*Aveva gli occhi azzurri.*	*Era introverso e (un po') chiuso. (Gli piaceva stare da solo con i suoi libri.)*
Marta da bambina	*Era magra (come un grissino).*	*Aveva i capelli rossi lisci e portava le trecce.*	*Aveva gli occhi verdi.*	*Era allegra ed estroversa, (le piaceva conoscere nuova gente). Era curiosa (e faceva sempre molte domande).*

▶ 11 2e Text / Lösung

1. ■ Com'era Alessio da bambino?

   ▲ Da bambino Alessio era un po' robusto, aveva i capelli castani e ricci e (aveva) gli occhi verdi.

   ■ E com'era di carattere?

   ▲ Era coraggioso e generoso.

   ■ Come passava l'estate?

   ▲ Andava al mare e rimaneva lì tre settimane.

2. ■ Com'era Luisa da bambina?

   ▲ Da bambina Luisa era molto magra. Aveva i capelli biondi lisci.

   ■ E com'era di carattere?

   ▲ Era decisa e dinamica.

   ■ Che cosa faceva al mare Luisa?

   ▲ Nuotava per ore e faceva lunghe passeggiate sulla spiaggia.

3. ■ Com'era Marco da bambino?

   ▲ Da bambino Marco aveva gli occhi azzurri e i capelli mossi neri.

   ■ E com'era di carattere?

   ▲ Era sincero e aperto, ma (era) anche pigro.

   ■ Che cosa faceva dopo la scuola?

   ▲ Andava dalla nonna a pranzo e guardava la TV.

B3 Si andava in biblioteca...

▶ 12 **3a Hören Sie die Radiosendung und kreuzen Sie an.**

1. La trasmissione tratta di ☐ cultura italiana. ☐ attualità italiana.
2. La puntata parla della vita degli italiani dopo l'introduzione ☐ della televisione. ☐ di Internet.

▶ 12 **3b Hören Sie die Radiosendung mehrfach und vervollständigen Sie nach und nach die Tabelle mit den Ansichten der beiden Hörer, die zu Wort kommen.**

	Cosa si faceva prima?	Cosa si fa oggi?
Signora Cavagni	*Prima si scrivevano…*	
Signor Masi		*Oggi si va in Internet…*

▶ 13 **3c Wie war es früher ohne Internet? Und wie ist es heute? Beantworten Sie die Fragen Ihrer Gesprächspartnerin mithilfe der folgenden Angaben.**

Esempio

■ Come ci si orientava prima? E come ci si orienta oggi?

▲ Prima ci si orientava con le cartine stradali, oggi ci si orienta con il GPS.

Prima...	**Oggi...**
0. orientarsi con le cartine stradali	orientarsi con il GPS
1. ascoltare la musica con cassette e CD	ascoltare la musica in streaming
2. andare in un negozio e parlare con la commessa	comprare i prodotti su piattaforme online
3. telefonarsi, scriversi lettere	usare i social media

B3 Si andava in biblioteca...

▶ 12 3a Text / Lösung

■ Bentornati a "Italia Moderna", la trasmissione radiofonica in cui trattiamo fatti di attualità. Oggi parliamo di com'è cambiata la vita degli italiani con l'introduzione di Internet. E lo facciamo con alcuni ospiti che abbiamo al telefono. Ecco la signora Cavagni. Buongiorno, signora.

● Salve, Marco.

■ Allora, signora, secondo Lei, com'è cambiata la nostra vita con l'introduzione di Internet?

● Beh, io sono una persona, diciamo, nostalgica. Mi ricordo che prima, fino agli anni '90, si scrivevano bellissime lettere e per Natale si mandavano dei biglietti di auguri decorati. Oggi, invece, si spediscono e-mail a volte molto semplici. Certo, le e-mail sono veloci e pratiche, però sono poco personali.

■ Grazie, signora Cavagni. Anch'io adoravo scrivere lettere e cartoline e oggi, sinceramente, non lo faccio più. Sentiamo ora il signor Masi.

▲ Buongiorno a tutti! Dunque, per me Internet e le nuove tecnologie hanno cambiato la vita in meglio. Negli anni '80 io ero uno studente all'università e fare ricerca non era facile. Si andava in biblioteca, si cercavano i libri per ore, a volte il sistema di ricerca non funzionava... Oggi si va in Internet e con un clic si possono trovare informazioni utili, pubblicazioni, articoli. Insomma, per me Internet ci ha reso la vita più facile.

■ Beh, sì, una vita più facile e veloce, anche se non sempre le informazioni in Internet sono corrette. Come in tutte le cose, ci sono aspetti positivi e negativi anche nell'introduzione di Internet nella nostra vita. Sentiamo ora la signora Pasini...

1. La trasmissione tratta di ☒ attualità italiana.
2. La puntata parla della vita degli italiani dopo l'introduzione ☒ di Internet.

▶ 12 **3b Lösung**

	Cosa si faceva prima?	Cosa si fa oggi?
Signora Cavagni	*Prima si scrivevano bellissime lettere e per Natale si mandavano dei biglietti di auguri decorati.*	*Oggi si spediscono e-mail a volte molto semplici (e poco personali).*
Signor Masi	*Prima si andava in biblioteca, si cercavano i libri per ore.*	*Oggi si va in Internet e con un clic si possono trovare informazioni utili, pubblicazioni, articoli.*

▶ 13 **3c Text / Lösung**

1. ■ Come si ascoltava la musica prima? E come si ascolta oggi?

   ▲ Prima si ascoltava la musica con cassette e CD, oggi si ascolta la musica in streaming.

2. ■ Come si facevano gli acquisti prima? E come si fanno oggi?

   ▲ Prima si andava in un negozio e si parlava con la commessa, oggi si comprano i prodotti su piattaforme online.

3. ■ Come si rimaneva in contatto con gli amici prima? E come si rimane in contatto oggi?

   ▲ Prima ci si telefonava o ci si scrivevano lettere, oggi si usano i social media.

C Bisogna cambiare a Santa Maria Novella

C1 Ci vogliono circa tre ore

▶ 14 **1a Hören Sie und kreuzen Sie das passende Bild an. Wo findet der Dialog statt?**

A ☐

B ☐

C ☐

▶ 14 **1b Ergänzen Sie den Dialog mit den passenden Fragen. Hören Sie dann zur Kontrolle.**

Devo cambiare • Quanto costa il Frecciarossa • Non c'è un treno diretto • Quando parte il prossimo treno • Quanto tempo ci vuole • Quanto costa la prenotazione del posto a sedere

■ Buongiorno, senta, vorrei un'informazione.

● Prego, mi dica.

■ Dunque, ho appena perso l'Intercity per Roma. ______________________________?

● Aspetti un attimo. Sì, fra mezz'ora. Parte alle 10:00 e arriva a Roma alle 15:30.

■ Ah... ______________________________?

● Sì, bisogna prendere un regionale veloce per Firenze e cambiare alla stazione di Santa Maria Novella. Con il regionale ci vogliono circa cinque ore e mezzo.

■ Accidenti, così tanto! Guardi, io ho un appuntamento di lavoro importante alle 16:00 e vorrei arrivare con un po' di anticipo. ______________________________?

● Dunque, vediamo... Sì, c'è un Frecciarossa che però parte alle 11:30.

■ ______________________________ con il Frecciarossa?

● Con il Frecciarossa ci vogliono circa tre ore.

- Beh, mi sembra perfetto. ______________________________?
- Vuole un biglietto di sola andata o di andata e ritorno?
- Un biglietto di sola andata. Ah, scusi... ______________________________?
- Quattro euro. Il biglietto viene 82,50 €.
- Va bene, allora prendo il Frecciarossa delle 11:30 con posto a sedere.

▶ 15 **1c Sie sind in Verona und haben Ihren Zug nach München verpasst. Fragen Sie am Schalter nach alternativen Verbindungen. Orientieren Sie sich am Dialog aus Übung 1b und den folgenden Angaben.**

1. Sie haben gerade den Eurocity nach München verpasst und fragen nach der nächsten Verbindung.
2. Sie fragen, ob Sie umsteigen müssen.
3. Sie machen deutlich, dass Sie um 18.00 Uhr einen wichtigen Termin haben und dass Sie etwas früher ankommen möchten. Sie fragen, ob es nicht einen direkten Zug gibt.
4. Die neue Verbindung erscheint Ihnen perfekt. Sie fragen, was die Einzelfahrt mit Sitzplatzreservierung kostet.
5. Sie bestätigen, dass Sie den Eurocity um 12.00 Uhr mit Sitzreservierung nehmen.

Esempio

- Buongiorno, senta, vorrei un'informazione.
- Prego, mi dica.
- Dunque, ho appena perso l'Eurocity per Monaco...

C1 Ci vogliono circa tre ore

▶ 14 **1a Lösung**

Zum Dialog passt Foto B.

▶ 14 **1b Text / Lösung**

■ Buongiorno, senta, vorrei un'informazione.

● Prego, mi dica.

■ Dunque, ho appena perso l'Intercity per Roma. *Quando parte il prossimo treno*?

● Aspetti un attimo. Sì, fra mezz'ora. Parte alle 10:00 e arriva a Roma alle 15:30.

■ Ah... *Devo cambiare*?

● Sì, bisogna prendere un regionale veloce per Firenze e cambiare alla stazione di Santa Maria Novella. Con il regionale ci vogliono circa cinque ore e mezzo.

■ Accidenti, così tanto! Guardi, io ho un appuntamento di lavoro importante alle 16:00 e vorrei arrivare con un po' di anticipo. *Non c'è un treno diretto*?

● Dunque, vediamo... Sì, c'è un Frecciarossa che però parte alle 11:30.

■ *Quanto tempo ci vuole* con il Frecciarossa?

● Con il Frecciarossa ci vogliono circa tre ore.

■ Beh, mi sembra perfetto. *Quanto costa il Frecciarossa*?

● Vuole un biglietto di sola andata o di andata e ritorno?

■ Un biglietto di sola andata. Ah, scusi... *Quanto costa la prenotazione del posto a sedere*?

● Quattro euro. Il biglietto viene 82,50 €.

■ Va bene, allora prendo il Frecciarossa delle 11:30 con posto a sedere.

▶ 15 1c Text / Lösung

■ Buongiorno, senta, vorrei un'informazione.

● Prego, mi dica.

■ Dunque, ho appena perso l'Eurocity per Monaco. Quando parte il prossimo treno?

● Aspetti un attimo. Sì, fra un'ora. Parte alle 11:00 e arriva a Monaco alle 18:00.

■ Ah… Devo cambiare?

● Sì, bisogna prendere un regionale per Bolzano e lì un altro regionale per Innsbruck. A Innsbruck deve prendere l'Eurocity per Monaco. Ci vogliono circa sette ore.

■ Guardi, io ho un appuntamento importante alle 18:00 e vorrei arrivare con un po' di anticipo. Non c'è un treno diretto?

● Dunque, vediamo… Sì, c'è un altro Eurocity che però parte alle 12:00 e arriva a Monaco alle 17:30.

■ Beh, mi sembra perfetto. Quanto costa un biglietto di sola andata con la prenotazione del posto a sedere?

● Il biglietto con il posto a sedere viene 91,80 €.

■ Va bene, allora prendo l'Eurocity delle 12:00 con posto a sedere.

C2 Informiamo i signori viaggiatori…

▶ 16 **2a** **Sie hören zwei kurze Dialoge am Bahnhof. Ordnen Sie die Dialognummer (1 oder 2) den folgenden Anzeigen zu. Eine Anzeige passt zu keinem Dialog.**

A ☐

B ☐

C ☐

▶ 16 **2b** **Hören Sie die zwei Dialoge noch einmal und ergänzen Sie hier unten und auf Seite 35 oben.**

ritardo • classe • binario • diretto • guasto • treno • regionale • binario

Dialogo 1

■ Informiamo i signori viaggiatori che il Frecciarossa delle ore 17:55 proveniente da Padova per Milano Centrale è in arrivo al ______________ 16 invece che al ______________ 18. Ferma a Verona, Desenzano, Brescia. La prima ______________ si trova in testa al treno.

● Scusi, il Frecciarossa ______________ a Milano non arriva al binario 18?

▲ No, il ______________ per Milano Centrale arriva al binario 16 invece che al binario 18.

● Ah, grazie mille. Allora devo sbrigarmi.

Dialogo 2

■ Attenzione: avvisiamo che il treno ______________ delle ore 9:15 proveniente da Firenze per Milano Centrale subirà un ritardo di 40 minuti per un guasto temporaneo. Ci scusiamo per il disagio.

● Scusi, non ho sentito bene l'annuncio. Il treno per Milano è in ______________?

▲ Sì. Ha un ritardo di circa 40 minuti. C'è stato un ______________ sulla linea. Sicuramente si tratta di un problema tecnico.

▶ 17 **2c Sie sind nun am Bahnhof in Italien und werden von einem Reisenden angesprochen. Beantworten Sie die Fragen mithilfe der Angaben, wie im Beispiel.**

Esempio

● Scusi, il Frecciargento per Roma Termini arriva al binario 9?

▲ No, il treno per Roma Termini arriva al binario 7 invece che al binario 9.

● Ah, grazie mille. Allora devo sbrigarmi.

1. ritardo di 50 minuti per un problema tecnico
2. binario 10 invece che binario 14
3. ritardo di 15 minuti per maltempo

C2 Informiamo i signori viaggiatori...

▶ 16 **2a Lösung**

A. Dialog 2

B. –

C. Dialog 1

▶ 16 **2b Text / Lösung**

Dialogo 1

■ Informiamo i signori viaggiatori che il Frecciarossa delle ore 17:55 proveniente da Padova per Milano Centrale è in arrivo al *binario* 16 invece che al *binario* 18. Ferma a Verona, Desenzano, Brescia. La prima *classe* si trova in testa al treno.

● Scusi, il Frecciarossa *diretto* a Milano non arriva al binario 18?

▲ No, il *treno* per Milano Centrale arriva al binario 16 invece che al binario 18.

● Ah, grazie mille. Allora devo sbrigarmi.

Dialogo 2

■ Attenzione: avvisiamo che il treno *regionale* delle ore 9:15 proveniente da Firenze per Milano Centrale subirà un ritardo di 40 minuti per un guasto temporaneo. Ci scusiamo per il disagio.

● Scusi, non ho sentito bene l'annuncio. Il treno per Milano è in *ritardo*?

▲ Sì. Ha un ritardo di circa 40 minuti. C'è stato un *guasto* sulla linea. Sicuramente si tratta di un problema tecnico.

▶ 17 2c Text / Lösung

1. ● Scusi, il treno per Napoli è in ritardo?

   ▲ Sì, il treno per Napoli ha un ritardo / è in ritardo di 50 minuti per un problema tecnico.

   ● Ah, grazie mille.

2. ● Scusi, il treno regionale per Palermo arriva al binario 14?

   ▲ No, il treno regionale per Palermo arriva al binario 10 invece che al binario 14.

   ● Ah, grazie mille. Allora devo sbrigarmi.

3. ● Scusi, il Frecciarossa per Venezia è in ritardo?

   ▲ Sì, il Frecciarossa ha un ritardo / è in ritardo di 15 minuti per maltempo.

   ● Ah, grazie mille.

C3 Al tuo posto, andrei in auto...

▶ 18 **3a Hören Sie den Dialog im Büro und kreuzen Sie an.**

Rita chiede ai suoi colleghi un consiglio ☐ per migliorare il rapporto con il ragazzo.
☐ per fare una breve vacanza.

▶ 18 **3b Hören Sie den Dialog noch einmal und kreuzen Sie an.**

1. I colleghi di Rita ☐ hanno ☐ non hanno piani per il 1° maggio.
2. Rita dovrebbe andare in vacanza in ☐ Basilicata. ☐ Molise. ☐ Puglia.
3. In questa regione Rita potrebbe visitare ☐ Lecce. ☐ Brindisi. ☐ Bari.
4. Secondo i colleghi, Rita dovrebbe andare in ☐ treno. ☐ auto.
5. Rita vorrebbe andare in viaggio ☐ con il ragazzo. ☐ da sola.

▶ 18 **3c Hören Sie den Dialog ein weiteres Mal und ergänzen Sie die Lücken hier unten und auf Seite 39 oben mit den folgenden Wörtern.**

dovresti • mangeresti • visiterei • preferirei • piacerebbe • dormiresti • vorrei • passeresti • dovresti • andrei • viaggeresti • potremmo • dareste

■ Ragazzi, che cosa fate il 1° maggio? Avete già dei piani?

● Mah, io vado a pranzo con i miei, anche se ____________________ passare una giornata in tranquillità.

▲ Io, invece, ____________________ visitare la Galleria Borghese. Il 1° maggio molti musei sono gratuiti qui a Roma e non voglio perdermi quest'occasione. E tu, Rita?

■ Eh, non lo so. Quest'anno mi ____________________ fare una gita fuori porta o un week-end lungo, ma non so dove. Mi ____________________ qualche idea?

● Beh, al tuo posto, ____________________ la Puglia. Non ci sei mai stata?

■ No, sono stata in Basilicata e in Molise, ma mai in Puglia.

● Secondo me, ____________________ proprio un bel fine settimana: ____________________ in una tipica masseria, ____________________ prodotti tradizionali della cucina pugliese...

▲ Beh, ____________________ visitare Lecce, una città con numerosi esempi di architettura barocca.

■ Ma... è meglio andare in treno o in auto?

▲ Guarda, al posto tuo, ____________________ in auto per essere indipendente e non dover essere legata agli orari e ai ritardi del treno.

● Anche secondo me, sarebbe più comodo e anche economico prendere la macchina. Così non ____________________ pianificare tutto il viaggio nei minimi dettagli.

▲ Scusa, ma ____________________ da sola o con il tuo ragazzo?

■ Vorrei andare da sola. Sapete, con il mio ragazzo siamo in un periodo di pausa... Ah, aspettate... forse ____________________ andare insieme, no?

▲ Ma... veramente io... Sai, voglio tanto vedere la Galleria Borghese.

● Eh, sì... E io non posso mancare al pranzo con i miei genitori.

▶ 19 **3d Italienische Freunde bitten Sie um Ratschläge für kommende Ausflüge und Urlaube. Beantworten Sie die Fragen mithilfe der Angaben und verwenden Sie das *condizionale presente*.**

Esempio andare a Verona: passare una bella giornata, visitare il balcone di Giulietta, andare all'Arena

■ Vorrei fare una gita sabato prossimo. Mi daresti qualche idea?

● Beh, potresti andare a Verona. Non ci sei mai stata?

■ No, purtroppo no.

● Secondo me, passeresti una bella giornata. Visiteresti il balcone di Giulietta, andresti all'Arena...

1. partire per le Maldive: dormire in un albergo a 5 stelle, rilassarsi al sole e non fare niente tutto il giorno
2. fare una gita al Parco delle Cornelle: (i bambini) vedere gli animali, (voi) fare un picnic, (voi) divertirsi
3. passare qualche giorno sulle Dolomiti: fare camminate, respirare aria pulita

C3 Al tuo posto, andrei in auto...

▶ 18 3a Lösung

Rita chiede ai suoi colleghi un consiglio ☒ per fare una breve vacanza.

▶ 18 3b Lösung

1. I colleghi di Rita ☒ hanno piani per il 1° maggio.
2. Rita dovrebbe andare in vacanza in ☒ Puglia.
3. In questa regione Rita potrebbe visitare ☒ Lecce.
4. Secondo i colleghi, Rita dovrebbe andare in ☒ auto.
5. Rita vorrebbe andare in viaggio ☒ da sola.

▶ 18 3c Text / Lösung

■ Ragazzi, che cosa fate il 1° maggio? Avete già dei piani?

● Mah, io vado a pranzo con i miei, anche se *preferirei* passare una giornata in tranquillità.

▲ Io, invece, *vorrei* visitare la Galleria Borghese. Il 1° maggio molti musei sono gratuiti qui a Roma e non voglio perdermi quest'occasione. E tu, Rita?

■ Eh, non lo so. Quest'anno mi *piacerebbe* fare una gita fuori porta o un week-end lungo, ma non so dove. Mi *dareste* qualche idea?

● Beh, al tuo posto, *visiterei* la Puglia. Non ci sei mai stata?

■ No, sono stata in Basilicata e in Molise, ma mai in Puglia.

● Secondo me, *passeresti* proprio un bel fine settimana: *dormiresti* in una tipica masseria, *mangeresti* prodotti tradizionali della cucina pugliese...

▲ Beh, *dovresti* visitare Lecce, una città con numerosi esempi di architettura barocca.

■ Ma... è meglio andare in treno o in auto?

▲ Guarda, al posto tuo, *andrei* in auto per essere indipendente e non dover essere legata agli orari e ai ritardi del treno.

● Anche secondo me, sarebbe più comodo e anche economico prendere la macchina. Così non *dovresti* pianificare tutto il viaggio nei minimi dettagli.

▲ Scusa, ma *viaggeresti* da sola o con il tuo ragazzo?

■ Vorrei andare da sola. Sapete, con il mio ragazzo siamo in un periodo di pausa... Ah, aspettate... forse *potremmo* andare insieme, no?

▲ Ma... veramente io... Sai, voglio tanto vedere la Galleria Borghese.

● Eh, sì... E io non posso mancare al pranzo con i miei genitori.

▶ 19 **3d Text / Lösung**

1. ■ Vorrei fare un viaggio durante le vacanze di Natale. Mi daresti qualche idea?

   ● Beh, potresti partire per le Maldive. Non ci sei mai stato?

   ■ No, purtroppo no.

   ● Dormiresti in un albergo a 5 stelle, ti rilasseresti al sole e non faresti niente tutto il giorno...

2. ■ Vorrei trascorrere la Pasquetta con i bambini all'aperto. Mi daresti qualche idea?

   ● Beh, potresti fare una gita al Parco delle Cornelle. Non ci sei mai stata?

   ■ No, purtroppo no.

   ● I bambini vedrebbero gli animali, fareste un picnic e vi divertireste.

3. ■ Vorrei fare una breve vacanza. Mi daresti qualche idea?

   ● Beh, potresti passare qualche giorno sulle Dolomiti. Non ci sei mai stato?

   ■ No, purtroppo no.

   ● Faresti camminate e respireresti aria pulita.

D Non sai che è successo!

D1 Che è successo? Dai, racconta!

▶ 20 **1a Hören Sie Matteos Urlaubsbericht und bringen Sie die Fotos in die richtige Reihenfolge.**

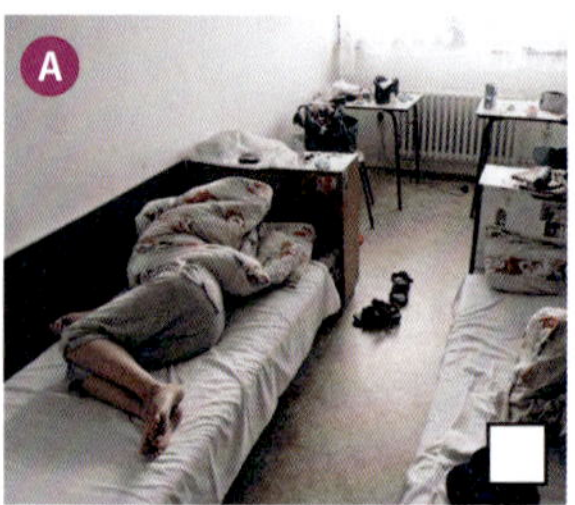
A

B

C

▶ 20 **1b Vervollständigen Sie den Dialog mit den in Klammern angegebenen Verben in der richtigen Form: *passato prossimo* oder *imperfetto*? Hören Sie dann den Dialog zur Kontrolle.**

■ Ciao, Matteo!

● Ciao, Carla!

■ Allora, com'è andata la vacanza?

● Eh... ____________________ (essere) una vacanza... abbastanza tragica.

■ Perché? Che è successo? Dai, racconta, sono curiosa!

● Dunque, quando io e Sofia ____________________ (arrivare) a Londra, pioveva a dirotto e ____________________ (fare) molto freddo. E ovviamente io ____________________ (portare) solo vestiti primaverili... ____________________ (aspettare) un taxi sotto la pioggia all'aeroporto, quando abbiamo scoperto che ____________________ (esserci) uno sciopero dei mezzi pubblici e anche dei taxi! Quindi abbiamo dovuto organizzarci diversamente e, quando siamo arrivati in albergo, erano già le due di notte. Lì sono iniziati i veri problemi. Alla reception non riuscivano a trovare la nostra prenotazione, probabilmente per un problema informatico... e proprio in quei giorni l'albergo ____________________ (essere) tutto occupato. Non c'era neanche una stanza libera per noi!

■ E quindi che cosa ____________________ (fare) tu e Sofia?

● Eh, alla fine ci hanno dato una stanza in un altro albergo a cinque chilometri dal centro. Ma la camera era piccola, sporca e rumorosa e il riscaldamento non ____________________ (funzionare). Faceva un freddo in quella stanza!

■ Insomma, davvero una tragedia questa vacanza!

▶ 21 **1c Erzählen Sie nun selbst von Missgeschicken mithilfe der Angaben, wie im Beispiel.**

Esempio uscire dalla stazione / un ladro rubarmi il portafoglio

■ Che è successo? Dai, racconta!

● Uscivo dalla stazione, quando all'improvviso un ladro mi ha rubato il portafoglio.

1. correre nel parco / cadere
2. andare all'aeroporto in auto / fare un incidente
3. fare una visita guidata di Roma / perdersi

D1 Che è successo? Dai, racconta!

▶ 20 **1a Lösung**

B – C – A

▶ 20 **1b Text / Lösung**

■ Ciao, Matteo!

● Ciao, Carla!

■ Allora, com'è andata la vacanza?

● Eh... *è stata* una vacanza... abbastanza tragica.

■ Perché? Che è successo? Dai, racconta, sono curiosa!

● Dunque, quando io e Sofia *siamo arrivati* a Londra, pioveva a dirotto e *faceva* molto freddo. E ovviamente io *portavo* solo vestiti primaverili... *Aspettavamo* un taxi sotto la pioggia all'aeroporto, quando abbiamo scoperto che *c'era* uno sciopero dei mezzi pubblici e anche dei taxi! Quindi abbiamo dovuto organizzarci diversamente e, quando siamo arrivati in albergo, erano già le due di notte. Lì sono iniziati i veri problemi. Alla reception non riuscivano a trovare la nostra prenotazione, probabilmente per un problema informatico... e proprio in quei giorni l'albergo *era* tutto occupato. Non c'era neanche una stanza libera per noi!

■ E quindi che cosa *avete fatto* tu e Sofia?

● Eh, alla fine ci hanno dato una stanza in un altro albergo a cinque chilometri dal centro. Ma la camera era piccola, sporca e rumorosa e il riscaldamento non *funzionava*... Faceva un freddo in quella stanza!

■ Insomma, davvero una tragedia questa vacanza!

▶ 21 **1c Text / Lösung**

1. ■ Che è successo? Dai, racconta!

   ● Correvo nel parco, quando all'improvviso sono caduto (caduta).

2. ■ Che è successo? Dai, racconta!

   ● Andavo all'aeroporto in auto, quando all'improvviso ho fatto un incidente.

3. ■ Che è successo? Dai, racconta!

   ● Facevo una visita guidata di Roma, quando all'improvviso mi sono perso (persa).

D2 Traffico intenso sulla A4 Milano – Brescia

▶ 22 **2a Hören Sie das Gespräch im Auto und kreuzen Sie an.**

1. Giovanni ed Emanuele prendono l'autostrada per

☐ Padova. ☐ Brescia. ☐ Bergamo.

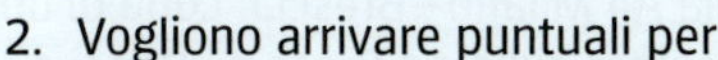

2. Vogliono arrivare puntuali per

☐ la colazione ☐ il pranzo ☐ l'aperitivo

con i genitori di Emanuele.

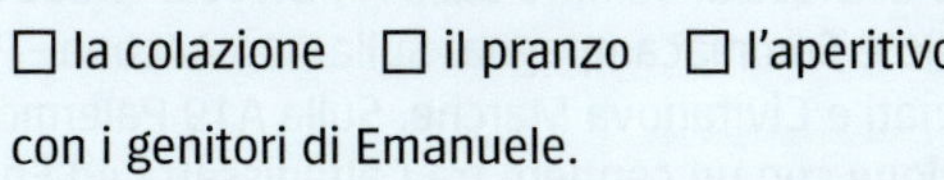

▶ 22 **2b Hören Sie noch einmal und verbinden Sie die Piktogramme mit den entsprechenden Problemen auf den Autobahnstrecken.**

1. A14 Ancona – Pescara — a. cantiere

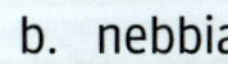

2. A4 Brescia – Padova — b. nebbia

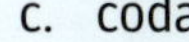

3. A4 Milano – Brescia — c. coda

4. A19 Palermo – Catania — d. incidente

D2 Traffico intenso sulla A4 Milano – Brescia

▶ 22 2a Text / Lösung

- ■ Per fortuna abbiamo deciso di partire presto per Padova, così non troviamo traffico.
- ● Eh, sì... Altrimenti arriviamo in ritardo per il pranzo con i miei genitori.
- ■ Vedrai, Emanuele... arriviamo presto a Padova, facciamo un giro per la città e poi andiamo a pranzo con i tuoi. Ah, ecco le notizie sul traffico alla radio.
- ▲ Buongiorno a tutti da Carla Vanzi. Ecco un aggiornamento sulla viabilità della rete autostradale italiana. Traffico intenso sulla A4 Milano – Brescia: coda di un'ora in uscita a Bergamo in direzione di Brescia. Sempre sulla A4 Brescia – Padova traffico per nebbia tra Montebello e Sommacampagna. Sulla A14 Ancona – Pescara incidente tra Loreto Porto Recanati e Civitanova Marche. Sulla A19 Palermo – Catania si segnalano lavori di manutenzione con un cantiere tra Caltanissetta ed Enna. È tutto per il momento. Autostrade per l'Italia vi augura buon viaggio.
- ● Hai sentito?
- ■ Sulla A4 c'è coda all'uscita di Bergamo e tra Montebello e Sommacampagna c'è nebbia.
- ● E ora che facciamo?
- ■ Allora, usciamo a Dalmine e poi continuiamo sulla strada statale fino a Brescia. Lì prendiamo l'autostrada fino a Padova. Fra due ore la nebbia non ci sarà più.
- ● Però così non riusciamo a fare una passeggiata nel centro di Padova...
- ■ Pazienza. L'importante è arrivare in tempo per il pranzo con i tuoi.

1. Giovanni ed Emanuele prendono l'autostrada per ☒ Padova.
2. Vogliono arrivare puntuali per ☒ il pranzo con i genitori di Emanuele.

▶ 22 2b Lösung

1. – d. 2. – b. 3. – c. 4. – a.

D3 Ci stiamo proprio rilassando...

▶ 23 **3a Hören Sie den Dialog und kreuzen Sie an.**

Caterina e Lara parlano
- ☐ di quello che hanno fatto la scorsa settimana.
- ☐ di quello che stanno facendo in questo momento.
- ☐ di quello che faranno la prossima settimana.

▶ 23 **3b Hören Sie den Dialog mehrfach und kreuzen Sie an: Wer macht gerade was?**

1.	☐ Lara e Sergio...	☐ Caterina e Riccardo...	... si stanno rilassando alle terme.
2.	☐ Lara...	☐ Sergio...	... sta leggendo molto.
3.	☐ Lara...	☐ Sergio...	... sta facendo lunghe passeggiate.
4.	☐ Riccardo...	☐ Caterina...	... sta guardando una serie TV.
5.	☐ Riccardo...	☐ Caterina...	... sta preparando la cena.
6.	☐ Martino...	☐ Paola...	... sta facendo un video.
7.	☐ Martino...	☐ Paola...	... sta aiutando il padre in cucina.

▶ 24 **3c Schauen Sie die Fotos an und beantworten Sie die Fragen, wie im Beispiel. Was machen diese Leute gerade?**

Esempio ■ Che cosa sta facendo Giulia?
▲ Sta giocando a calcio.

1. Alessio – pulire il bagno

2. Luisa e Marco – prendere il sole

3. Marta – stirare le camicie

4. *Sie* – fare gli esercizi d'italiano

D3 Ci stiamo proprio rilassando...

▶ 23 3a Text / Lösung

- ● Pronto? Lara, ciao! Sono Caterina. Allora, come stai?
- ■ Ohi, ciao, Caterina. Bene, tutto bene! Ah, guarda, questa vacanza alle terme era necessaria. Io e Sergio ci stiamo proprio rilassando in questi giorni.
- ● Dai, racconta, sono curiosa. Come sono le terme? Che cosa state facendo?
- ■ In questi giorni stiamo dedicando molto tempo a noi stessi.
- ● Insomma, la vacanza alle terme era quello che ci voleva!
- ■ Proprio così! Guarda, io sto leggendo molto. Sai, ho già finito il libro che mi hai regalato e ne ho già iniziato un altro. Sergio sta facendo lunghe passeggiate all'aria aperta. E voi?
- ● Mah, io sto guardando una serie TV, Riccardo è in cucina e sta preparando la cena...
- ■ E i bambini?
- ● I bambini stanno bene. Paola è in camera sua, sta facendo un video per il suo canale YouTube®. Ah, questi adolescenti di oggi... Martino è con suo padre in cucina e lo sta aiutando... Lara, scusa devo andare. Sento uno strano odore. Secondo me, stanno bruciando la cena...
- ■ Ci sentiamo, cara.

Caterina e Lara parlano ☒ di quello che stanno facendo in questo momento.

▶ 23 3b Lösung

1. ☒ Lara e Sergio 2. ☒ Lara 3. ☒ Sergio 4. ☒ Caterina
5. ☒ Riccardo 6. ☒ Paola 7. ☒ Martino

▶ 24 3c Text / Lösung

1. ■ Che cosa sta facendo Alessio?
   ▲ Sta pulendo il bagno.

2. ■ Che cosa stanno facendo Luisa e Marco?
   ▲ Stanno prendendo il sole.

3. ■ Che cosa sta facendo Marta?
   ▲ Sta stirando le camicie.

4. ■ E tu, che cosa stai facendo?
   ▲ Sto facendo gli esercizi d'italiano.

D4 Vorrei fare una denuncia...

▶ 25 **4a Hören Sie den Dialog und kreuzen Sie an.**

1. Giulia vuole fare una denuncia ☐ di furto. ☐ di smarrimento.
2. Giulia e Francesca erano ☐ in discoteca. ☐ in un ristorante.
3. A un certo punto qualcuno ha rubato ☐ la borsa ☐ il cellulare di Giulia.
4. Francesca, l'amica di Giulia, ☐ ha visto ☐ non ha visto il ladro.

▶ 25 **4b Hören Sie den Dialog noch einmal und vervollständigen Sie die Beschreibungen der Tasche und des Schlüsselanhängers.**

di metallo • le chiavi • rotonda • l'indirizzo di Giulia • la carta d'identità • il portafoglio • piccola • il portachiavi

1. La borsa di Giulia era ________________.
2. La forma era ________________.
3. Nella borsa c'erano ____.
4. Il portachiavi era ________________.
5. Sulla parte posteriore del portachiavi c'è ________________.

▶ 26 **4c Sie sind nun bei der Polizei und möchten eine Anzeige wegen Diebstahls aufgeben. Antworten Sie, indem Sie die Gegenstände beschreiben, wie im Beispiel.**

Esempio Tasche: groß und rechteckig; rot, aus Leder mit weißem Reißverschluss

▲ Prego, si accomodi. Mi dica.

■ Vorrei fare una denuncia di furto. Mi hanno rubato la borsa.

▲ La può descrivere, per favore?

■ Era grande e rettangolare. Era rossa, in pelle e con una zip bianca.

1. Rucksack: groß und schwer; bunt, aus Baumwolle

2. Geldbeutel: rechteckig und leicht; braun, aus Leder

D4 Vorrei fare una denuncia...

▶ 25 **4a Text / Lösung**

■ Buongiorno.

● Buongiorno. Dunque, vorrei fare una denuncia. Mi hanno rubato la borsa con dentro tutto!

■ Signora, si calmi. Innanzi tutto, mi dica il Suo nome e il Suo cognome, così procediamo a fare la denuncia di furto.

● Giulia Paggi.

■ Bene, ora mi spieghi. Che cosa è successo?

● Io e la mia amica eravamo in un ristorante e stavamo aspettando la nostra ordinazione. Mi sono alzata per andare in bagno e, quando sono tornata, la borsa non c'era più.

■ E Lei, signora, non ha notato nulla di strano?

▲ Mah, no. Quando Giulia è andata in bagno, ero al telefono con il mio ragazzo.

■ Va bene. Allora, aveva una borsa, di che tipo? Grande o piccola?

● Una borsa piccola, nera. Ecco, era rotonda, in pelle e con una zip color argento.

■ E cosa c'era dentro?

● Il portafoglio con dei soldi e i documenti come la carta d'identità e la patente di guida. Eh, sì, e poi anche le chiavi di casa con un portachiavi un po' originale.

■ Com'era?

● Era un portachiavi di metallo, rettangolare. E sulla parte posteriore... oddio...

■ Che succede, signora?

● Eh, sulla parte posteriore c'è una targhetta con il mio indirizzo di casa. Che stupida!

■ Va bene, signora. Non si preoccupi. Adesso mandiamo subito un agente di polizia a casa Sua.

1. Giulia vuole fare una denuncia ☒ di furto.
2. Giulia e Francesca erano ☒ in un ristorante.
3. Ad un certo punto qualcuno ha rubato ☒ la borsa di Giulia.
4. Francesca, l'amica di Giulia, ☒ non ha visto il ladro.

▶ 25 **4b Lösung**

1. La borsa di Giulia era *piccola*.
2. La forma era *rotonda*.
3. Nella borsa c'erano *il portafoglio, la carta d'identità, il portachiavi, le chiavi*.
4. Il portachiavi era *di metallo*.
5. Sulla parte posteriore del portachiavi c'è *l'indirizzo di Giulia*.

▶ 26 **4c Text / Lösung**

1. ▲ Prego, si accomodi. Mi dica.
   ■ Vorrei fare una denuncia di furto. Mi hanno rubato lo zaino.
   ▲ Lo può descrivere, per favore?
   ■ Era grande e pesante. Era colorato, in cotone.

2. ▲ Prego, si accomodi. Mi dica.
   ■ Vorrei fare una denuncia di furto. Mi hanno rubato il portafoglio.
   ▲ Lo può descrivere, per favore?
   ■ Era rettangolare e leggero. Era marrone e di pelle.

E Un pizzico di sale...

E1 In cucina con la Pina

▶ 27 **1a Hören Sie den Podcast „In cucina con la Pina" und kreuzen Sie die passende Zutatenliste an.**

A

un cucchiaino di zafferano
430 g di riso
un pezzettino di burro
1 cipolla
1 etto di pecorino
vino rosso, acqua, brodo animale
un pizzico di pepe ☐

B

un cucchiaino di zafferano
320 g di riso
un pezzettino di burro
1 cipolla
1 etto di grana padano
vino bianco, brodo vegetale
un pizzico di sale ☐

▶ 28 **1b Hören Sie einen Teil des Podcasts erneut und vervollständigen Sie den Text.**

aggiungete • lasciate • tagliate • mescolate • fate • versate • aggiungete

■ ________________ la cipolla. Fatela soffriggere nel burro per 10–15 minuti.

________________ ora il riso e tostatelo per 3–4 minuti. ________________ il bicchiere di vino bianco e lasciatelo evaporare completamente. Quindi ________________ il brodo vegetale poco a poco e ________________ cuocere per circa 15 minuti.

Aggiungete lo zafferano e ________________ finché il riso diventerà di un bel colore giallo oro. Fate cuocere per altri 5 minuti.

A fine cottura, aggiungete un pizzico di sale, il formaggio grattugiato e un pezzettino di burro. Mescolate e ________________ riposare per qualche minuto.

▶ 29 **1c Geben Sie nun „Ihr" Rezept für „Spaghetti alla carbonara" weiter. Orientieren Sie sich am Beispiel und den folgenden Angaben.**

Esempio tagliare il guanciale a striscioline

Tagliate il guanciale a striscioline.

1. fare rosolare il guanciale per 10–15 minuti
2. fare cuocere gli spaghetti
3. versare i tuorli *(= Eigelb)*
4. aggiungere il pecorino e il pepe e mescolare bene
5. aggiungere il guanciale e mescolare
6. scolare la pasta
7. versare la salsa sugli spaghetti e mescolare velocemente

E1 In cucina con la Pina

▶ 27/28 1a/1b Text / Lösung

- Ciao a tutti e bentornati a un nuovo episodio del podcast "In cucina con la Pina". La ricetta del giorno è il risotto allo zafferano, anche chiamato "risotto alla milanese", un piatto tipico del capoluogo lombardo. La caratteristica principale è il suo colore giallo intenso, grazie all'ingrediente principale, lo zafferano. Iniziamo con gli ingredienti...

  Ecco gli ingredienti per quattro persone: un cucchiaino di zafferano, 320 grammi di riso, un pezzettino di burro, una cipolla, un etto di grana padano, vino bianco, brodo vegetale e un pizzico di sale. E ora passiamo al procedimento.

  Tagliate la cipolla. Fatela soffriggere nel burro per 10–15 minuti.

  Aggiungete ora il riso e tostatelo per 3–4 minuti. *Versate* il bicchiere di vino bianco e lasciatelo evaporare completamente. Quindi *aggiungete* il brodo vegetale poco a poco e *fate* cuocere per circa 15 minuti.

  Aggiungete lo zafferano e *mescolate* finché il riso diventerà di un bel colore giallo oro. Fate cuocere per altri 5 minuti.

  A fine cottura, aggiungete un pizzico di sale, il formaggio grattugiato e un pezzettino di burro. Mescolate e *lasciate* riposare per qualche minuto.

  Bene, siamo giunti alla fine del nostro episodio di "In cucina con la Pina" e non mi resta che augurarvi... buon appetito!

Die Zutatenliste B passt zum Podcast.

▶ 29 1c Text / Lösung

1. Fate rosolare il guanciale per 10–15 minuti.
2. Fate cuocere gli spaghetti.
3. Versate i tuorli.
4. Aggiungete il pecorino e il pepe e mescolate bene.
5. Aggiungete il guanciale e mescolate.
6. Scolate la pasta.
7. Versate la salsa sugli spaghetti e mescolate velocemente.

E2 E cosa mangi di solito?

▶ 30 **2a Hören Sie die Radiosendung und entscheiden Sie, was das Thema ist.**

Il tema della trasmissione radiofonica riguarda ☐ le abitudini sportive degli italiani.
☐ le abitudini degli italiani a tavola.
☐ le abitudini di lavoro degli italiani.

▶ 30 **2b Hören Sie die Radiosendung noch einmal und kreuzen Sie an, was Giorgia und Mariano normalerweise essen.**

1. carne
   ☐ Giorgia
   ☐ Mariano
2. legumi
   ☐ Giorgia
   ☐ Mariano
3. verdura
   ☐ Giorgia
   ☐ Mariano
4. tofu
   ☐ Giorgia
   ☐ Mariano
5. latticini / formaggio
   ☐ Giorgia
   ☐ Mariano
6. pesce
   ☐ Giorgia
   ☐ Mariano
7. pasta
   ☐ Giorgia
   ☐ Mariano

▶ 30 **2c Hören Sie den Dialog noch einmal und kreuzen Sie an.**

1. A Giorgia non è mai piaciuta ☐ la verdura. ☐ la carne.
2. Giorgia non potrebbe mai rinunciare ai ☐ formaggi. ☐ dolci.
3. Le piace la cucina tailandese perché è ☐ piccante e saporita. ☐ sana e leggera.
4. Mariano ☐ mangia ☐ non mangia di tutto.
5. Carne e pesce ☐ sono ☐ non sono importanti per Mariano perché fa molta attività fisica.
6. Mariano preferisce ☐ la cucina locale. ☐ la cucina internazionale.

▶ 31 **2d Sie geben nun Auskunft über die Essgewohnheiten der folgenden Personen. Antworten Sie mithilfe der Angaben, wie im Beispiel.**

Esempio

- ■ Che cosa mangia Lisa di solito?
- ● Mangia molti legumi e latticini, non consuma molta carne.
- ■ Che cucina preferisce?
- ● È un'amante della cucina francese.

	✔		✘	
0. Lisa				
1. Martino				
2. Carla e Luca				
3. *Sie*				

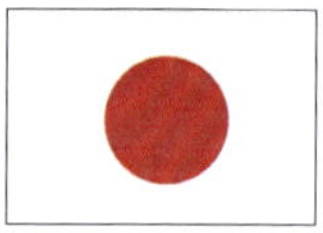

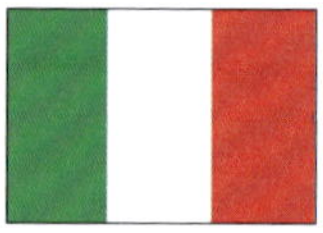

E2 E cosa mangi di solito?

▶ 30 **2a Lösung**

Il tema della trasmissione radiofonica riguarda ☒ le abitudini degli italiani a tavola.

▶ 30 **2b Text / Lösung**

■ Buongiorno a tutti e bentornati a Radio InItalia. Oggi parliamo delle abitudini culinarie degli italiani, cioè come e cosa mangiano gli italiani. Siamo attenti alla linea e alle calorie? Siamo aperti a cucine internazionali o preferiamo la cucina locale? Sentiamo cosa dicono i nostri ascoltatori. Ciao, Giorgia!

● Ciao, Mattia!

■ Allora, Giorgia, tu sei attenta a quello che mangi? Segui una dieta particolare?

● Dunque, io non seguo una dieta particolare, però non mangio carne. Non mi è mai piaciuta molto. Così, da qualche anno, ho pensato di eliminarla dalla mia dieta.

■ E cosa mangi di solito?

● Mangio molta verdura, legumi, pasta e i derivati della soia, come il tofu.

■ Ah, quindi sei vegana?

● No, no, sono vegetariana. Mangio uova e soprattutto tanti formaggi. Non potrei mai rinunciare ai formaggi!

■ E quale cucina preferisci?

● Dunque, sono appassionata di cucina asiatica. Sai, mi piacciono molto i piatti che mescolano il dolce con il salato e con molte spezie. In particolare mi piace la cucina tailandese. È sana e leggera e offre una grande varietà di piatti adatti per vegetariani, proprio come me.

■ Grazie, Giorgia. E sentiamo il prossimo ascoltatore. Ecco Mariano al telefono. Mariano, anche tu sei vegetariano?

▲ No, io mangio veramente di tutto.

■ Ah, sei una buona forchetta?

▲ Sì, mi piace sedermi a tavola e mangiare di gusto. Non seguo una dieta particolare, ma mangio molta carne, sia bianca che rossa, perché faccio molto sport. Sai, ho bisogno di tante proteine e quindi carne e pesce sono essenziali. Consumo anche tanti latticini, come lo yogurt e i formaggi, e verdura...

■ E hai una cucina preferita come Giorgia?

▲ Beh, io sono un amante della cucina italiana. Certo, sono aperto anche a sapori e aromi diversi, però alla fine preferisco la cucina tradizionale: melanzane alla parmigiana, saltimbocca alla romana... Insomma, quando si parla di cibo, io preferisco la cucina locale.

■ Mariano, grazie della tua testimonianza! E continuiamo con il prossimo ascoltatore...

1. carne: ☒ Mariano 2. legumi: ☒ Giorgia 3. verdura: ☒ Giorgia ☒ Mariano
4. tofu: ☒ Giorgia 5. latticini / formaggio: ☒ Giorgia ☒ Mariano
6. pesce: ☒ Mariano 7. pasta: ☒ Giorgia

▶ 30 **2c Lösung**

1. A Giorgia non è mai piaciuta ☒ la carne.
2. Giorgia non potrebbe mai rinunciare ai ☒ formaggi.
3. Le piace la cucina tailandese perché è ☒ sana e leggera.
4. Mariano ☒ mangia di tutto.
5. Carne e pesce ☒ sono importanti per Mariano perché fa molta attività fisica.
6. Mariano preferisce ☒ la cucina locale.

▶ 31 **2d Text / Lösung**

1. ■ Che cosa mangia Martino di solito?
   ● Mangia molti dolci e molta pasta, non consuma molto pesce.
   ■ Che cucina preferisce?
   ● È un amante della cucina spagnola.
2. ■ Che cosa mangiano Carla e Luca di solito?
   ● Mangiano molta carne e molto pesce, non consumano molte verdure.
   ■ Che cucina preferiscono?
   ● Sono amanti della cucina giapponese.
3. ■ Che cosa mangi tu di solito?
   ● Mangio molta pasta e molta verdura, non consumo molti legumi.
   ■ Che cucina preferisci?
   ● Sono un amante (un'amante) della cucina italiana.

E3 Farà una gran bella figura!

▶ 32 **3a Hören Sie das Gespräch im Lebensmittelgeschäft und kreuzen Sie das passende Bild an.**

☐ Ferragosto ☐ Pasqua ☐ Natale ☐ Capodanno

▶ 32 **3b Hören Sie das Gespräch noch einmal und kreuzen Sie an.**

1. Di solito la signora Freddi festeggia il Capodanno ☐ al ristorante. ☐ a casa.
2. Quest'anno ha deciso ☐ di invitare amici a cena. ☐ di cenare a casa di amici.
3. A Capodanno si mangia il cotechino con ☐ le carote. ☐ le lenticchie.
4. Mangiare questo piatto porta ☐ amore. ☐ soldi.

▶ 33 **3c Beantworten Sie die Fragen Ihrer Gesprächspartner über italienische Traditionen, wie im Beispiel.**

Esempio mangiare il panettone e il pandoro

▲ Che cosa si mangia di dolce a Natale in Italia?

■ Si mangiano il panettone e il pandoro.

1. mangiare le frittelle e le chiacchiere
2. bere lo spumante
3. regalare le uova di cioccolata

E3 Farà una gran bella figura!

▶ 32 **3a Text / Lösung**

- ■ Buongiorno.
- ● Buongiorno, signora Freddi. Mi dica. Che cosa desidera oggi?
- ■ Dunque, Carla, ho proprio bisogno del Suo aiuto. Domani sera è San Silvestro e io e mio marito abbiamo deciso di non andare al ristorante come sempre. Così ora devo cucinare per otto persone. Come sa, in cucina sono un disastro e ho pensato di chiedere il Suo prezioso aiuto. Che cosa si fa di solito?
- ● Per il cenone di San Silvestro di solito si mangia il cotechino con le lenticchie.
- ■ Ah già, il cotechino con le lenticchie... Ma perché si cucina questo piatto?
- ● Beh, si prepara questo piatto per il 31 dicembre perché, secondo la tradizione, porta fortuna. Le lenticchie, infatti, ricordano le monete e sono il simbolo di ricchezza. E in passato il cotechino era un piatto per ricchi e quindi anche questo alimento è considerato di buona fortuna.
- ■ Oh, grazie, Carla! Lei è la mia salvezza. Come farei senza di Lei?
- ● Vedrà, farà una gran bella figura con i Suoi ospiti.

Zum Dialog passt „Capodanno“.

▶ 32 **3b Lösung**

1. Di solito la signora Freddi festeggia il Capodanno ☒ al ristorante.
2. Quest’anno ha deciso ☒ di invitare amici a cena.
3. A Capodanno si mangia il cotechino con ☒ le lenticchie.
4. Mangiare questo piatto porta ☒ soldi.

▶ 33 **3c Text / Lösung**

1. ▲ Che cosa si mangia di dolce a Carnevale in Italia?
   ■ Si mangiano le frittelle e le chiacchiere.
2. ▲ Che cosa si beve a Capodanno per fare il brindisi?
   ■ Si beve lo spumante.
3. ▲ Che cosa si regala a Pasqua di dolce?
   ■ Si regalano le uova di cioccolata.

F Che cosa farai?

F1 Ma vai da solo?

▶ 34 **1a Sie hören ein Gespräch zwischen zwei Kollegen: Worum geht es?**

I due colleghi parlano ☐ di lavoro. ☐ di tempo libero. ☐ di ferie.

▶ 34 **1b Hören Sie das Gespräch mehrmals und vervollständigen Sie die Tabelle.**

	Alessio	**Sandro**
Quando va in vacanza?	*Due settimane in estate ad agosto e* ______	______
Dove va?	______	______
Dov'è stato l'ultima volta?	______	______

▶ 35 **1c Beantworten Sie nun Fragen zu den Urlaubsgewohnheiten der folgenden Personen und zu sich selbst. Hören Sie zunächst das Beispiel „Clara".**

Esempio
- ■ Quando va in vacanza Clara?
- ● Va in vacanza due volte all'anno, in estate e in inverno.
- ■ E che cosa fa?
- ● In estate va in montagna, in inverno va alle Maldive.
- ■ Va da sola o in compagnia?
- ● Va da sola.

	Quando?	**Dove?**	**Con chi?**
0. Clara	zweimal im Jahr: im Sommer und im Winter	im Sommer fährt sie in die Berge, im Winter fliegt sie auf die Malediven	alleine
1. Mario	dreimal im Jahr: eine Woche im Winter, eine im Frühling und eine im Sommer	im Frühling besichtigt er eine Stadt, im Winter geht er Skifahren, im Sommer fährt er ans Meer	mit seiner Freundin
2. Andrea e Catia	zweimal im Jahr: drei Wochen im Sommer und eine Woche im Dezember	im Sommer verbringen sie den Urlaub im Ausland (= *all'estero*), im Winter fahren sie in die Toskana	alleine oder mit Freunden
3. *Sie*	zweimal im Jahr: zwei Wochen im Juli, eine Woche im Winter	im Sommer fahren Sie zum Gardasee, im Winter fliegen Sie nach Mallorca	mit der Familie

F

F1 Ma vai da solo?

▶ 34 **1a Text / Lösung**

■ Accidenti, Alessio, devo prendere le ferie per quest'anno. Tu, di solito, quando vai in vacanza?

● Guarda, Sandro, io normalmente prendo le ferie due volte all'anno: faccio due settimane in estate, ad agosto, e una settimana in inverno, a dicembre.

■ In estate cosa fai?

● In estate vado al mare, sempre nello stesso posto e nello stesso periodo. È un po' una tradizione di famiglia: le vacanze estive, per me, sono sempre in agosto, in Puglia.

■ E in inverno?

● In inverno vado in montagna a sciare.

■ Ah, è vero! Tu sei un appassionato di sci. Ma vai da solo?

● No, di solito vado con un gruppo di amici, gli amici della montagna. Partiamo dopo Natale e passiamo il Capodanno sulle piste da sci.

■ E dove sei stato lo scorso dicembre?

● L'ultima vacanza l'ho fatta a Cortina, in Veneto, e abbiamo preso in affitto un appartamento grande. Abbiamo passato otto giorni indimenticabili. E tu invece? Quando vai in vacanza di solito?

■ Normalmente anch'io vado in vacanza due volte all'anno: mi prendo dieci giorni in primavera, ad aprile o a maggio, per visitare una città europea e poi dieci giorni alla fine dell'estate per andare in montagna...

● Ah, e viaggi da solo?

■ No, no. Di solito viaggio con la mia compagna. L'ultima vacanza che abbiamo fatto è stata ad aprile e siamo stati a Stoccolma, una città che mi è piaciuta tanto...

I due colleghi parlano ☒ di ferie.

▶ 34 **1b Lösung**

	Alessio	Sandro
Quando va in vacanza?	*Due settimane in estate, ad agosto, e una settimana in inverno, a dicembre.*	*Dieci giorni in primavera, ad aprile o a maggio, e dieci giorni alla fine dell'estate.*
Dove va?	*In estate va al mare, in inverno va in montagna a sciare.*	*In primavera visita una città europea, in estate va in montagna.*
Dov'è stato l'ultima volta?	*È stato a Cortina, in Veneto.*	*È stato a Stoccolma.*

▶ 35 **1c Text / Lösung**

1. ■ Quando va in vacanza Mario?
   ● Va in vacanza tre volte all'anno, una settimana in inverno, una in primavera e una in estate.
   ■ E che cosa fa?
   ● In primavera visita una città, in inverno va a sciare e in estate va al mare.
   ■ Va da solo o in compagnia?
   ● Va con la sua compagna / la sua ragazza.
2. ■ Quando vanno in vacanza Andrea e Catia?
   ● Vanno in vacanza due volte all'anno, tre settimane in estate e una settimana in dicembre.
   ■ E che cosa fanno?
   ● In estate passano le vacanze all'estero, in inverno vanno in Toscana.
   ■ Vanno da soli o in compagnia?
   ● Vanno da soli o con i loro amici.
3. ■ E Lei, quando va in vacanza?
   ● Vado in vacanza due volte all'anno, due settimane in luglio e una settimana in inverno.
   ■ E che cosa fa?
   ● In estate vado al Lago di Garda, in inverno vado a Maiorca.
   ■ Va da solo (sola) o in compagnia?
   ● Vado con la mia famiglia.

F2 Farò anche un corso di...

▶ 36 **2a Sergio erzählt einem Freund, wie er den Sommerurlaub verbringen wird. Hören Sie den Dialog und entscheiden Sie, welches Bild passt.**

 ☐

 ☐

▶ 36 **2b Hören Sie das Gespräch der beiden Freunde noch einmal und kreuzen Sie an.**

1. Sergio e la moglie faranno le vacanze ☐ insieme. ☐ separati.
2. La moglie e i figli andranno ☐ in Sicilia. ☐ in Sardegna.
3. Sergio andrà da loro ☐ per qualche giorno. ☐ per qualche settimana.
4. L'anno scorso ☐ il tempo ☐ la suocera ha rovinato le vacanze a Sergio.
5. Quest'estate Sergio vuole dedicare più tempo ☐ a se stesso. ☐ alla famiglia.
6. Sergio farà anche un corso di ☐ fotografia. ☐ cucina.

▶ 36 **2c Vervollständigen Sie den Text mit den Verben. Hören Sie dann zur Kontrolle den Dialog noch einmal.**

imparerai • potremo • partirà • andrete • prenderai • dormiranno • rimarrò • farò • potrò • passerò • resterà • faremo • mancheranno • avranno • andrò

■ Allora, dove __________ in vacanza quest'estate?

● Mah, quest'estate io __________ qui.

■ In che senso? Da solo? Ma tua moglie?

● Sì, abbiamo deciso che quest'anno __________ le vacanze separati.

■ Ma come?

● Beh, mia moglie __________ per la Sicilia e __________ lì con i bambini per due mesi. __________ a casa dei suoi genitori a Palermo, così Lisa e Giosuè __________ la possibilità di passare un po' di tempo con i nonni e i cuginetti.

■ Quindi non ti __________ neanche un giorno di ferie?

● Sì, certo. Io _______________ a trovarli ogni tanto e _______________ lì qualche giorno, forse un fine settimana lungo. Quest'anno non ho proprio voglia di farmi rovinare le vacanze. Soprattutto dopo l'esperienza dell'anno scorso.

■ Perché? Che è successo?

● Guarda, mia suocera è stata insopportabile... Voleva sapere tutto, una vera maniaca del controllo...

■ Povero te! Però due mesi senza moglie e senza figli... Sicuramente ti _______________...

● Beh, sì, certo... Ma _______________ dedicare più tempo a me stesso, alle mie passioni e ai miei hobby: anzi, _______________ uscire più spesso e guardare le partite insieme. Ah, _______________ anche un corso di cucina...

■ Davvero? Questa sì che è una bella notizia! Finalmente forse _______________ a cucinare e non mi preparerai sempre i soliti spaghetti al pomodoro quando mi inviti a cena!

▶ 37 **2d Sie werden zu Ihren Urlaubsplänen befragt. Übernehmen Sie die Rolle ● und beantworten Sie die Fragen Ihrer Gesprächspartnerin mithilfe der Angaben.**

	■ Allora, dove passerai le vacanze quest'estate?
Sie werden nach Italien fahren.	● _______________
	■ Ah, sì? Che bello! E dove andrai?
Nach Sizilien. Sie werden eine Tour von Ost nach West machen und Catania, Agrigento und Palermo besichtigen.	● _______________ _______________ _______________
	■ Bella la Sicilia. Ma viaggerai con amici?
Sie werden alleine verreisen.	● _______________
	■ E sai già dove pernotterai?
Sie werden in Wohnungen und Bed and Breakfasts übernachten.	● _______________ _______________
	■ E quanto rimarrai lì?
Sie werden zwei Wochen lang dort bleiben.	● _______________
	■ Beh, allora buon viaggio! E buone vacanze!

F2 Farò anche un corso di...

▶ 36 2a Lösung

Zum Dialog passt das linke Foto.

▶ 36 2b Lösung

1. Sergio e la moglie faranno le vacanze ☒ separati.
2. La moglie e i figli andranno ☒ in Sicilia.
3. Sergio andrà da loro ☒ per qualche giorno.
4. L'anno scorso ☒ la suocera ha rovinato le vacanze a Sergio.
5. Quest'estate Sergio vuole dedicare più tempo ☒ a se stesso.
6. Sergio farà anche un corso di ☒ cucina.

▶ 36 2c Text / Lösung

■ Allora, dove *andrete* in vacanza quest'estate?

● Mah, quest'estate io *rimarrò* qui.

■ In che senso? Da solo? Ma tua moglie?

● Sì, abbiamo deciso che quest'anno *faremo* le vacanze separati.

■ Ma come?

● Beh, mia moglie *partirà* per la Sicilia e *resterà* lì con i bambini per due mesi. *Dormiranno* a casa dei suoi genitori a Palermo, così Lisa e Giosuè *avranno* la possibilità di passare un po' di tempo con i nonni e i cuginetti.

■ Quindi non ti *prenderai* neanche un giorno di ferie?

● Sì, certo. Io *andrò* a trovarli ogni tanto e *passerò* lì qualche giorno, forse un fine settimana lungo. Quest'anno non ho proprio voglia di farmi rovinare le vacanze. Soprattutto dopo l'esperienza dell'anno scorso.

■ Perché? Che è successo?

● Guarda, mia suocera è stata insopportabile... Voleva sapere tutto, una vera maniaca del controllo...

■ Povero te! Però due mesi senza moglie e senza figli... Sicuramente ti *mancheranno*...

● Beh, sì, certo... Ma *potrò* dedicare più tempo a me stesso, alle mie passioni e ai miei hobby: anzi, *potremo* uscire più spesso e guardare le partite insieme. Ah, *farò* anche un corso di cucina...

■ Davvero? Questa sì che è una bella notizia! Finalmente forse *imparerai* a cucinare e non mi preparerai sempre i soliti spaghetti al pomodoro quando mi inviti a cena!

▶ 37 **2d Text / Lösung**

■ Allora, dove passerai le vacanze quest'estate?

● Andrò in Italia.

■ Ah, sì? Che bello! E dove andrai?

● In Sicilia. Farò un tour / un giro da est a ovest e visiterò Catania, Agrigento e Palermo.

■ Bella la Sicilia. Ma viaggerai con amici?

● Viaggerò da sola (da solo).

■ E sai già dove pernotterai?

● Pernotterò in appartamenti e bed and breakfast.

■ E quanto rimarrai lì?

● Ci rimarrò / Rimarrò lì due settimane.

■ Beh, allora buon viaggio! E buone vacanze!

F3 Partirò per un viaggio...

▶ 38 **3a Gianluca und Sara unterhalten sich: Welches Ereignis steht bevor? Wählen Sie das passende Bild aus.**

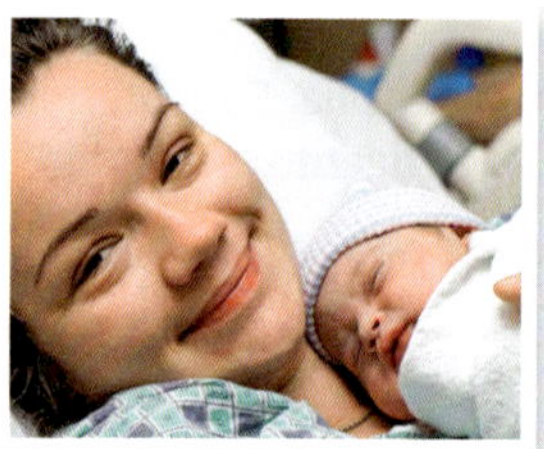

☐ matrimonio ☐ laurea ☐ nascita del figlio

▶ 38 **3b Hören Sie die Unterhaltung noch einmal und bringen Sie Gianlucas Pläne für seine Zukunft in die richtige Reihenfolge.**

A

☐

B

☐

C
☐

D

☐

▶ 38 **3c Hören Sie noch einmal und beantworten Sie anschließend die Fragen hier unten und auf Seite 69.**

1. Perché Gianluca vuole andare in vacanza con i genitori?

____

2. Chi vive a Sydney?

____

3. Perché vuole cercare un lavoro in Australia?

4. Che cosa farà Sara dopo la laurea?

▶ 39 **3d Was werden diese Leute nächstes Jahr machen? Beantworten Sie die Fragen mithilfe der Angaben, wie im Beispiel.**

Esempio Maria: prendersi una pausa e fare un anno sabbatico

■ Che cosa farà Maria l'anno prossimo?

▲ Si prenderà una pausa e farà un anno sabbatico.

1. Alessio: sposarsi e andare a vivere con Sabrina

2. Cristina: laurearsi e cercare lavoro

3. Licia e Tommaso: andare a vivere in un'altra città

4. Caterina: cambiare lavoro e fare carriera

F3 Partirò per un viaggio...

▶ 38 **3a Lösung**

Zum Dialog passt das mittlere Foto (laurea).

▶ 38 **3b Text / Lösung**

■ Oggi non ho voglia di studiare, con questo caldo non riesco a concentrarmi.

● Dai, su, è l'ultimo esame e poi... finalmente ci laureeremo e saremo liberi!

■ Eh, sì... A proposito, tu sai già che cosa farai dopo la laurea?

● Beh, il giorno della laurea farò una grande festa con la mia famiglia e i miei amici.

■ Questo è poco ma sicuro! E poi?

● Poi andrò in montagna con i miei genitori perché è un sacco di tempo che non facciamo una vacanza insieme.

■ Ah, che bella idea! È un buon modo per passare del tempo insieme.

● Sì, sì... E poi partirò per un viaggio in Australia.

■ Ah, sì? Non lo sapevo!

● Sì, andrò a far visita alla mia migliore amica che vive a Sydney da due anni. Penso che ci rimarrò per qualche settimana. Lì imparerò a fare surf sulla mitica spiaggia, la Bondi Beach.

■ Ah, però! Che bel progetto. E poi?

● Poi mi sposterò a Melbourne dove cercherò lavoro.

■ Cercherai lavoro?

● Sì, penso che sia il modo migliore per perfezionare il mio inglese. Così finalmente imparerò questa lingua... E tu, invece? Hai progetti? Che cosa farai dopo gli studi?

■ Beh, andrò in vacanza e poi mi iscriverò a un master. Ma una cosa è sicura: se non continuiamo a studiare, non passeremo mai l'esame!

D-1 B-2 A-3 C-4

▶ 38 3c Lösung

1. Perché è molto tempo (un sacco di tempo) che non fanno una vacanza insieme.
2. A Sydney vive la migliore amica di Gianluca.
3. Perché per lui è il modo migliore per imparare l'inglese.
4. Sara andrà in vacanza e poi si iscriverà a un master.

▶ 39 3d Text / Lösung

1. ■ Che cosa farà Alessio l'anno prossimo?
   ▲ Si sposerà e andrà a vivere con Sabrina.
2. ■ Che cosa farà Cristina l'anno prossimo?
   ▲ Si laureerà e cercherà lavoro.
3. ■ Che cosa faranno Licia e Tommaso l'anno prossimo?
   ▲ Andranno a vivere in un'altra città.
4. ■ Che cosa farà Caterina l'anno prossimo?
   ▲ Cambierà lavoro e farà carriera.

G Mi fa male la testa

G1 Come ti mantieni in forma?

▶ 40 **1a Sie hören einen Ausschnitt aus einer Radiosendung. Welches der folgenden Fotos passt NICHT zum Thema der Sendung?**

A  ☐

B  ☐

C  ☐

D  ☐

▶ 40 **1b Hören Sie die Radiosendung noch einmal und entscheiden Sie: Wer hat welche Gewohnheiten? Ergänzen Sie mit A (Angela) oder F (Fabrizio).**

- [A] Consuma prodotti freschi.
- [ ] Mangia spesso hamburger.
- [ ] Consuma prodotti surgelati.
- [ ] Non mangia molta carne.
- [ ] Beve molta acqua.
- [ ] Beve molte bevande gassate.
- [ ] Fa yoga.
- [ ] Nuota una volta alla settimana.
- [ ] Odia la palestra.
- [ ] Gioca a pallavolo da anni.

▶ 41 **1c Sie werden nun über Ihre Ernährungs- und Sportgewohnheiten befragt. Antworten Sie mithilfe des Beispiels und der darauffolgenden Angaben.**

Esempio ■ Fai attenzione all'alimentazione, a quello che mangi?

▲ Non seguo una dieta particolare, ma cerco di...

- Sie sagen, Sie befolgen keine spezielle Diät, aber Sie versuchen, sich gesund zu ernähren.
- Sie essen viel Obst und Gemüse. Sie trinken mindestens zwei Liter Wasser am Tag und Sie trinken keine Soft-Drinks *(= bibite gassate)*.
- Sie essen keine Süßigkeiten. Sie vermeiden Zucker und Kohlehydrate *(= carboidrati)*.
- Sie gehen regelmäßig joggen und gehen zweimal die Woche ins Fitnessstudio.
- Sie machen jeden Tag vor dem Schlafengehen *(= prima di andare a dormire)* Yoga und Sie hören klassische Musik, um sich zu entspannen.

G

G1 Come ti mantieni in forma?

▶ 40 **1a Text / Lösung**

■ Siamo di nuovo in diretta su "Qui Italia" e oggi affrontiamo un tema che riguarda tutti gli italiani. Siamo dei salutisti e facciamo attenzione alla salute e al nostro corpo? Siamo attenti all'alimentazione e all'attività fisica? Siamo attivi o pigri? Lo chiediamo oggi ad alcuni ascoltatori. Buongiorno, Angela. Allora, tu che rapporto hai con il tuo corpo e la tua salute?

● Dunque, sì, io posso dire di essere una salutista. Cerco di mangiare sano, con prodotti freschi e di stagione. Da anni consumo soprattutto verdura e frutta e non mangio molta carne. Bevo molta acqua durante il giorno, almeno due litri e mezzo, e non compro bevande gassate come aranciata, coca, gassosa.

■ E fai attività sportiva?

● Guarda, io sono sempre stata una sportiva. Faccio pallavolo da anni e da alcuni mesi ho iniziato a fare yoga. Mi ha aiutato a scaricare lo stress della quotidianità e a ritrovare un equilibrio interiore. Anche la salute mentale è importante!

■ Grazie, Angela. E ora sentiamo Fabrizio. Ciao, Fabrizio. Allora, sei attento alla tua forma fisica?

▲ Ciao, Matteo! Dunque, io odio la palestra. Mi sono iscritto circa un anno fa e ci sono andato solo una volta. Cerco qualsiasi scusa per non andarci.

■ Ma come ti mantieni in forma?

▲ Mah... andando in piscina una volta alla settimana: vado la mattina presto, prima del lavoro. Però in generale non sono un grande sportivo.

■ E cosa fai per la tua salute mentale?

▲ Ho provato con la meditazione, ma non ho molta pazienza...

■ Segui un'alimentazione sana ed equilibrata?

▲ Diciamo che sono meno attento di Angela. No, non sono un salutista. Mi piace il fast food e mi concedo spesso un hamburger con patatine fritte... E, a differenza di Angela, adoro le bibite gassate come la coca o l'aranciata. E poi non sono un bravo cuoco, quindi i prodotti pronti o surgelati non mancano mai nel mio frigorifero...

■ Grazie, Fabrizio. E passiamo ora alla prossima ascoltatrice...

Zum Dialog passt nicht Foto A.

▶ 40 **1b Lösung**

A	Consuma prodotti freschi.	F	Beve molte bevande gassate.
F	Mangia spesso hamburger.	A	Fa yoga.
F	Consuma prodotti surgelati.	F	Nuota una volta alla settimana.
A	Non mangia molta carne.	F	Odia la palestra.
A	Beve molta acqua.	A	Gioca a pallavolo da anni.

▶ 41 **1c Text / Lösung**

■ Fai attenzione all'alimentazione, a quello che mangi?

▲ Non seguo una dieta particolare, ma cerco di mangiare sano.

■ Che cosa mangi di solito?

▲ Mangio molta frutta e verdura. Bevo almeno due litri di acqua al giorno e non bevo bibite gassate.

■ Che salutista! Ma i dolci li mangi, vero?

▲ Non mangio dolci. Evito gli zuccheri / lo zucchero e i carboidrati.

■ E come ti mantieni in forma?

▲ Vado regolarmente a fare jogging / a correre e due volte alla settimana vado in palestra.

■ E cosa fai per la tua salute mentale?

▲ Faccio yoga tutti i giorni / ogni giorno prima di andare a dormire e ascolto musica classica per rilassarmi.

G2 Tre volte al giorno...

▶ 42 **2a Hören Sie das Gespräch. Wo findet es statt? Welches Foto passt?**

☐

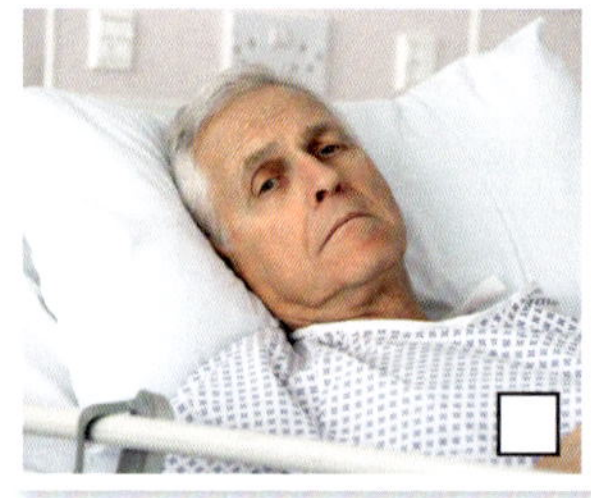
☐

☐

▶ 42 **2b Hören Sie das Gespräch noch einmal und kreuzen Sie an.**

1. Il signor Manenti ha ☐ un'allergia. ☐ la tosse e il raffreddore. ☐ un'irritazione.
2. Il paziente ☐ ha ☐ non ha la febbre.
3. Al signor Manenti fa male anche ☐ la gola. ☐ la testa. ☐ la gamba destra.
4. Il signor Manenti deve ☐ mangiare leggero. ☐ bere molta acqua. ☐ riposarsi.
5. Contro la tosse deve prendere ☐ lo spray. ☐ lo sciroppo. ☐ le pastiglie.

▶ 42 **2c Ergänzen Sie das Gespräch nun mit den fehlenden Verben.
Hören Sie anschließend zur Kontrolle.**

vada • prenda • dica • senta • si riposi • beva • guardi • usi • non si preoccupi • prenda

■ Buongiorno, signor Manenti. Prego, mi ______________. In cosa posso esserLe utile?

● Buongiorno. Dunque, ______________... Da una settimana non mi sento molto bene. Ho un terribile raffreddore e ho la tosse.

■ ______________, probabilmente si tratta di un colpo di freddo. Con uno sbalzo di temperatura come nei giorni scorsi è facile prendersi il raffreddore e la tosse.

● Beh, la scorsa settimana sono andato in piscina e poi sono uscito con i capelli bagnati. Forse ho preso freddo.

■ Ha la febbre?

● Ieri avevo 36,9°, stamattina prima di venire qui avevo 37°.

■ ______________. Non è proprio febbre. È febbre se va oltre i 37,2°. Ha altri sintomi?

● Sì, mi fa male la testa. È grave?

- No, non è grave. Allora, per la tosse ______________ questo sciroppo tre volte al giorno. Contro il raffreddore ______________ questo spray. E poi ______________ molta acqua, ______________ per qualche giorno e non ______________ al lavoro. Per il mal di testa ______________ queste pastiglie.
- Oh, grazie. Allora, lo sciroppo lo prendo tre volte al giorno e uso lo spray per il naso. Grazie, dottoressa.

▶ 43 **2d Sie sind in Italien, fühlen sich nicht wohl und gehen zum Arzt. Übernehmen Sie die Rolle ● und beantworten Sie die Fragen des Arztes mithilfe der Angaben.**

■ Buongiorno. Prego, mi dica. In cosa posso esserLe utile?

Sie grüßen den Arzt. Seit ein paar Tagen haben Sie Magenschmerzen. ● ______________

■ Si ricorda che cosa ha mangiato?

Sie waren in einem Restaurant und haben Fisch und Meeresfrüchte gegessen. ● ______________

■ Forse il pesce non era fresco. Ha altri sintomi? Febbre? Nausea?

Sie haben kein Fieber. Aber Sie haben einen Hautausschlag (= irritazione della pelle) an den Beinen und Armen. ● ______________

■ Sì, si tratta di un'intossicazione alimentare.

Sie fragen, ob das schlimm ist. ● ______________

■ No, non si preoccupi. Prenda queste pastiglie per il mal di stomaco.

Sie fragen, wann Sie die Tabletten nehmen sollen. ● ______________

■ Una pastiglia tre volte al giorno dopo i pasti.

Sie fragen, was Sie gegen den Ausschlag machen können. ● ______________

■ Per l'irritazione usi questa pomata: la spalmi sulle zone interessate.

Sie bedanken und verabschieden sich. ● ______________

G2 Tre volte al giorno...

▶ 42 **2a Lösung**

Zum Dialog passt das Foto rechts.

▶ 42 **2b Lösung**

1. Il signor Manenti ha ☒ la tosse e il raffreddore.
2. Il paziente ☒ non ha la febbre.
3. Al signor Manenti fa male anche ☒ la testa.
4. Il signor Manenti deve ☒ bere molta acqua. ☒ riposarsi.
5. Contro la tosse deve prendere ☒ lo sciroppo.

▶ 42 **2c Text / Lösung**

■ Buongiorno, signor Manenti. Prego, mi *dica*. In cosa posso esserLe utile?

● Buongiorno. Dunque, *senta*... Da una settimana non mi sento molto bene. Ho un terribile raffreddore e ho la tosse.

■ *Guardi*, probabilmente si tratta di un colpo di freddo. Con uno sbalzo di temperatura come nei giorni scorsi è facile prendersi il raffreddore e la tosse.

● Beh, la scorsa settimana sono andato in piscina e poi sono uscito con i capelli bagnati. Forse ho preso freddo.

■ Ha la febbre?

● Ieri avevo 36,9°, stamattina prima di venire qui avevo 37°.

■ *Non si preoccupi*. Non è proprio febbre. È febbre se va oltre i 37,2°. Ha altri sintomi?

● Sì, mi fa male la testa. È grave?

■ No, non è grave. Allora, per la tosse *prenda* questo sciroppo tre volte al giorno. Contro il raffreddore *usi* questo spray. E poi *beva* molta acqua, *si riposi* per qualche giorno e non *vada* al lavoro. Per il mal di testa *prenda* queste pastiglie.

● Oh, grazie. Allora, lo sciroppo lo prendo tre volte al giorno e uso lo spray per il naso. Grazie, dottoressa.

▶ 43 **2d Text / Lösung**

- ■ Buongiorno. Prego, mi dica. In cosa posso esserLe utile?
- ● Buongiorno. Da qualche giorno / Da alcuni giorni ho mal di stomaco.
- ■ Si ricorda che cosa ha mangiato?
- ● Sono stata (Sono stato) in un ristorante e ho mangiato pesce e frutti di mare.
- ■ Forse il pesce non era fresco. Ha altri sintomi? Febbre? Nausea?
- ● Non ho (la) febbre. Ma ho un'irritazione della pelle sulle gambe e sulle braccia.
- ■ Sì, si tratta di un'intossicazione alimentare.
- ● È grave?
- ■ No, non si preoccupi. Prenda queste pastiglie per il mal di stomaco.
- ● Quando le devo prendere?
- ■ Una pastiglia tre volte al giorno dopo i pasti.
- ● Cosa posso fare per l'irritazione della pelle?
- ■ Per l'irritazione usi questa pomata: la spalmi sulle zone interessate.
- ● Grazie / La ringrazio e arrivederci.

G3 Non essere pessimista!

▶ 44 **3a Luca ist nach London gezogen und Camilla ruft ihn an. Hören Sie den Dialog und entscheiden Sie, worüber die beiden sprechen.**

Camilla consiglia a Luca cosa fare

☐ per visitare Londra.

☐ per ambientarsi meglio a Londra.

▶ 44 **3b Hören Sie das Telefonat noch einmal und kreuzen Sie an, ob die folgenden Aussagen richtig oder falsch sind.**

	vero	falso
1. Luca si trova bene a Londra.	☐	☐
2. Per Luca è facile conoscere nuova gente.	☐	☐
3. Dopo il lavoro Luca torna a casa e non esce più.	☐	☐
4. Camilla gli consiglia di fare dello sport.	☐	☐
5. Per Camilla, conoscere gente non richiede molto tempo.	☐	☐

▶ 44 **3c Wählen Sie die richtige Form des Imperativs (Du-Form) und hören Sie anschließend zur Kontrolle.**

- ● Luca, ciao! Allora, come va a Londra?
- ■ Ah, ciao, Camilla. Eh, insomma... Devo ancora ambientarmi...
- ● Ma che succede? Ti sento un po' giù di morale. Non ti trovi bene?
- ■ Mah, non è facile vivere e lavorare in una metropoli frenetica come Londra.
- ● Eh, immagino... Ma non ☐ sii ☐ essere pessimista e ☐ prova ☐ provi a vedere gli aspetti positivi: sei in una nuova città e puoi fare un sacco di cose.
- ■ Sì, ma mi sento solo e non riesco a conoscere nuove persone. La mattina vado al lavoro, poi torno a casa e non vedo più nessuno. Sai, i miei colleghi sono molto impegnati con le loro famiglie...
- ● Ma no, non ☐ resta ☐ restare in casa! ☐ Esci ☐ Esca e stai in mezzo alla gente.
- ■ Sì, ma secondo me, le persone non vogliono fare nuove conoscenze e preferiscono rimanere nel loro piccolo gruppo di amici.

- ● E allora ☐ cerchi ☐ cerca una palestra vicino a casa oppure ☐ ti iscrivi ☐ iscriviti a un corso di CrossFit™. ☐ Fai ☐ Faccia dello sport! L'esercizio fisico è un'ottima terapia contro il cattivo umore e la tristezza. E poi ☐ sei ☐ sii positivo e abbi pazienza! Alla fine, per conoscere gente e fare amicizie, ci vogliono molto tempo e pazienza.
- ■ Eh sì, hai ragione...
- ● ☐ Organizza ☐ Organizzi una piccola festa e invita i tuoi colleghi... Insomma, ☐ ti diverti ☐ divertiti e non pensare troppo. E se ti senti triste, ☐ mi chiami! ☐ chiamami! Io sono qui!
- ■ Oh, grazie, Camilla, sei una vera amica!

▶ 45 **3d Ein paar italienische Freunde benötigen Ihren Rat. Beantworten Sie die Fragen mithilfe der Angaben.**

Esempio organizzare un fine settimana a sorpresa

■ Ho litigato con la mia compagna. Che cosa posso fare?

▲ Organizza un fine settimana a sorpresa.

1. prendersi qualche giorno libero e trascorrere il fine settimana in un centro benessere
2. iscriversi a un corso di yoga o provare con la meditazione
3. seguire una dieta, bere più acqua e fare più attività fisica
4. andare dal tuo medico o prendere appuntamento con uno specialista

G3 Non essere pessimista!

▶ 44 3a Lösung

Camilla consiglia a Luca cosa fare ☒ per ambientarsi meglio a Londra.

▶ 44 3b Lösung

	vero	falso
1. Luca si trova bene a Londra. *Luca non si è ancora ambientato a Londra.*	☐	☒
2. Per Luca è facile conoscere nuova gente. *Per lui è difficile conoscere nuova gente.*	☐	☒
3. Dopo il lavoro Luca torna a casa e non esce più.	☒	☐
4. Camilla gli consiglia di fare dello sport.	☒	☐
5. Per Camilla, conoscere gente non richiede molto tempo. *Conoscere gente richiede molto tempo e pazienza.*	☐	☒

▶ 44 3c Text / Lösung

- ● Luca, ciao! Allora, come va a Londra?
- ■ Ah, ciao, Camilla. Eh, insomma... Devo ancora ambientarmi...
- ● Ma che succede? Ti sento un po' giù di morale. Non ti trovi bene?
- ■ Mah, non è facile vivere e lavorare in una metropoli frenetica come Londra.
- ● Eh, immagino... Ma non *essere* pessimista e *prova* a vedere gli aspetti positivi: sei in una nuova città e puoi fare un sacco di cose.
- ■ Sì, ma mi sento solo e non riesco a conoscere nuove persone. La mattina vado al lavoro, poi torno a casa e non vedo più nessuno. Sai, i miei colleghi sono molto impegnati con le loro famiglie...
- ● Ma no, non *restare* in casa! *Esci* e stai in mezzo alla gente.
- ■ Sì, ma secondo me, le persone non vogliono fare nuove conoscenze e preferiscono rimanere nel loro piccolo gruppo di amici.

- ● E allora *cerca* una palestra vicino a casa oppure *iscriviti* a un corso di CrossFit™. *Fai* dello sport! L'esercizio fisico è un'ottima terapia contro il cattivo umore e la tristezza. E poi *sii* positivo e abbi pazienza! Alla fine, per conoscere gente e fare amicizie, ci vogliono molto tempo e pazienza.
- ■ Eh sì, hai ragione…
- ● *Organizza* una piccola festa e invita i tuoi colleghi… Insomma, *divertiti* e non pensare troppo. E se ti senti triste, *chiamami!* Io sono qui!
- ■ Oh, grazie, Camilla, sei una vera amica!

▶ 45 **3d Text / Lösung**

1. ■ In questo periodo sono veramente stressata. Avrei bisogno di una pausa. Che cosa posso fare?

   ▲ Prenditi qualche giorno libero e trascorri il fine settimana in un centro benessere.

2. ■ Nell'ultimo periodo non riesco a dormire bene e ho sempre tanti pensieri in testa. Che cosa posso fare?

   ▲ Iscriviti a un corso di yoga o prova con la meditazione.

3. ■ Nell'ultimo periodo sono un po' ingrassato. Che cosa posso fare?

   ▲ Segui una dieta, bevi più acqua e fa' / fai più attività fisica.

4. ■ Nell'ultimo periodo ho sempre mal di testa e mal di schiena. Che cosa posso fare?

   ▲ Vai dal tuo medico o prendi appuntamento con uno specialista.

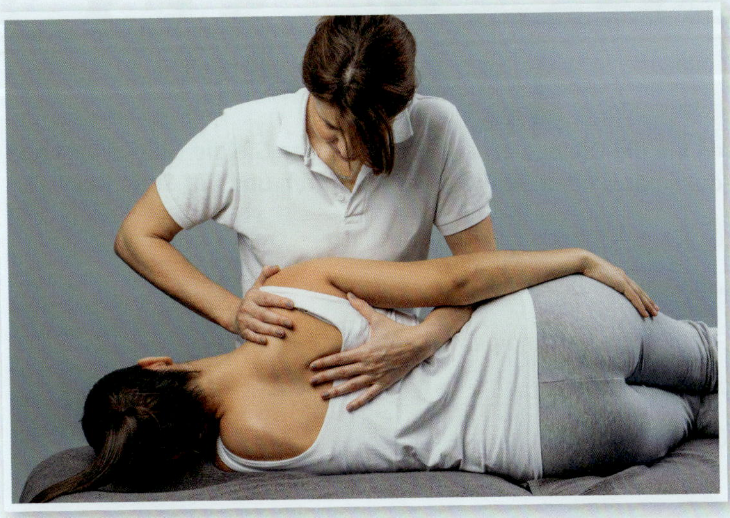

H Città in festa

H1 Tantissimi auguri!

▶ 46 **1a Hören Sie und ordnen Sie den Fotos die Dialoge 1 bis 4 zu.**

dialogo numero _____

dialogo numero _____

dialogo numero _____

dialogo numero _____

▶ 46 **1b Hören Sie die Dialoge erneut und ergänzen Sie die Glückwünsche sowie die dazu passenden Reaktionen hier unten und auf Seite 85.**

in bocca al lupo • grazie mille • buone feste • crepi • altrettanto • tantissimi auguri • buon viaggio

1. ■ Finalmente partiamo per il Giappone.
   ● Ah, davvero? Allora ____________________!
   ■ Grazie!

2. ■ Domani ho un esame importante. Sono agitatissima.
   ● ____________________!
   ■ ____________________!

3. ■ Ciao, Cristina!
   ● Vieni, entra pure.
   ■ ____________________, cara! Buon compleanno. Ecco, questi sono per te!
   ● Oh, ma che belli. ____________________, non dovevi disturbarti.

4. ■ Dopodomani è già Natale!
   ● Eh, sì! E noi non ci vediamo fino al 3 di gennaio.
   ■ Allora, ____________________!
   ● ____________________! Auguri anche a tutta la tua famiglia!

▶ 47 **1c Gratulieren Sie Ihren Gesprächspartnern oder reagieren Sie auf deren Glückwünsche mithilfe der Ausdrücke aus Übung 1b.**

H

H1 Tantissimi auguri!

▶ 46 **1a Lösung**

A: dialogo numero 3, B: dialogo numero 2, C: dialogo numero 4, D: dialogo numero 1

▶ 46 **1b Text / Lösung**

1. ■ Finalmente partiamo per il Giappone.
   ● Ah, davvero? Allora *buon viaggio*!
   ■ Grazie!
2. ■ Domani ho un esame importante. Sono agitatissima.
   ● *In bocca al lupo*!
   ■ *Crepi*!
3. ■ Ciao, Cristina!
   ● Vieni, entra pure.
   ■ *Tantissimi auguri*, cara! Buon compleanno. Ecco, questi sono per te!
   ● Oh, ma che belli. *Grazie mille*, non dovevi disturbarti.
4. ■ Dopodomani è già Natale!
   ● Eh, sì! E noi non ci vediamo fino al 3 di gennaio.
   ■ Allora, *buone feste*!
   ● *Altrettanto*! Auguri anche a tutta la tua famiglia!

▶ 47 **1c Text / Lösung**

1. ■ Domani parto per il Brasile e ci rimango 3 mesi.
   ● Allora, buon viaggio!
   ■ Grazie.
2. ◆ Anche quest'anno è arrivato il Natale! Se non ci vediamo più, buon Natale e buone feste!
   ● Grazie, altrettanto!
3. ▲ Ho un esame importante all'università.
   ● In bocca al lupo!
   ▲ Crepi!
4. ◆ Ma che bella festa!
   ● Tantissimi auguri! / Buon compleanno! / Tanti auguri di buon compleanno!
   ◆ Grazie.

H2 Una gita fuori porta...

▶ 48 **2a Fabrizio ruft Alessio an: Wohin möchte er ihn mitnehmen?**

☐ Carnevale di Viareggio ☐ Palio di Siena ☐ Carnevale di Ivrea

▶ 48 **2b Hören Sie das Telefonat noch einmal und kreuzen Sie an.**

1. Fabrizio vuole fare una gita fuori porta

   ☐ il 16 agosto. ☐ il 17 agosto.

2. Lui e gli amici vogliono vedere

   ☐ la sfilata dei carri. ☐ la corsa dei cavalli.

3. Alessio preferisce rimanere a casa

   ☐ perché fa caldo in città. ☐ perché c'è troppa gente alla manifestazione.

4. Alessio propone a Fabrizio di incontrarsi

   ☐ il giorno dopo. ☐ la sera stessa.

▶ 48 **2c Hören Sie das Telefonat nun mehrmals und schreiben Sie dabei alle Ausdrücke auf, die zu den folgenden Situationen passen.**

1. etwas vorschlagen: *Ti va di...?* ______________________

   ____

2. einen Vorschlag annehmen: ______________________

   ____

3. einen Vorschlag ablehnen: ______________________

   ____

4. einen Termin vereinbaren: ______________________

   ____

2d Ordnen Sie die folgenden Ausdrücke auch in Übung 2c zu.

Hai voglia di...? • D'accordo. • Volentieri! • No, purtroppo non posso. • Ho già un impegno.

▶ 49 **2e Sie rufen jetzt Alessio an und laden ihn ein, am Ostermontag gemeinsam etwas zu unternehmen. Übernehmen Sie die Rolle ● und antworten Sie mithilfe der Angaben.**

■ Pronto?

Sie begrüßen Alessio und sagen Ihren Namen. ● ______________________

■ Ohi, ciao, tutto bene?

Sie sagen, dass alles in Ordnung ist. Am Ostermontag (= Pasquetta) wollen Sie mit ein paar Freunden einen Ausflug machen. Sie fragen Alessio, ob er Lust hat, mitzukommen. ● ______________________

■ Ma dove volete andare?

Sie wollen nach Perugia fahren und dort den Tag verbringen. ● ______________________

■ Non so... Preferisco restare qui in città...

Sie schlagen vor, Sie können sich am Abend treffen, wenn Sie aus Perugia zurückkommen. ● ______________________

■ Per me va bene. Che cosa facciamo?

Sie schlagen vor, einen Aperitif im neuen Weinlokal (= enoteca) „Bocca di Bacco" trinken zu gehen. ● ______________________

■ Ottima idea. Come rimaniamo?

Sie schlagen Montag um 20.00 Uhr vor. ● ______________________

■ Perfetto, lunedì sera alle 20:00.

Sie verabschieden sich. ● ______________________

H2 Una gita fuori porta...

▶ 48 2a Text / Lösung

■ Pronto?

● Alessio, ciao, sono Fabrizio!

■ Ohi, Fabrizio, tutto bene?

● Sì, tutto bene... Senti, sabato io e gli altri vogliamo organizzare qualcosa. Ti va di venire?

■ Mah, a dire il vero... È il fine settimana di Ferragosto e tutte le strade sono così trafficate. Dove volevate andare?

● Dunque, pensavamo di andare a Siena a vedere il Palio. Vogliamo partire la mattina presto, guardare la corsa dei cavalli e rientrare nel tardo pomeriggio... Allora, che ne dici?

■ Mah, guarda... Mi dispiace, ma preferisco rimanere a casa. Il 16 di agosto a Siena c'è sempre un sacco di gente e sai che non sopporto i luoghi affollati. Senti, perché non ci troviamo la sera?

● Per me va bene!

■ Possiamo andare a mangiare una pizza tutti insieme, quando tornate da Siena.

● Ottima idea! Così ti facciamo vedere le foto. Senti, allora come rimaniamo?

■ Mhmm... facciamo sabato sera alle 21:00? Così se trovate traffico, riuscite ad arrivare puntuali.

● Perfetto.

■ Bene, allora a sabato!

● Ciao!

☒ Palio di Siena

▶ 48 2b Lösung

1. Fabrizio vuole fare una gita fuori porta ☒ il 16 agosto.
2. Lui e gli amici vogliono vedere ☒ la corsa dei cavalli.
3. Alessio preferisce rimanere a casa ☒ perché c'è troppa gente alla manifestazione.
4. Alessio propone a Fabrizio di incontrarsi ☒ la sera stessa.

▶ 48 **2c/2d Lösung**

1. etwas vorschlagen: *Ti va di...? / Che ne dici? / Perché non…? / Hai voglia di…?*
2. einen Vorschlag annehmen: *Per me va bene! / Ottima idea! / Perfetto! / D'accordo. / Volentieri!*
3. einen Vorschlag ablehnen: *Mi dispiace, ma… / No, purtroppo non posso. / Ho già un impegno.*
4. einen Termin vereinbaren: *Allora, come rimaniamo? / Facciamo sabato…*

▶ 49 **2e Text / Lösung**

■ Pronto?

● Ciao, Alessio! Sono *Ihr Name*.

■ Ohi, ciao, tutto bene?

● Tutto bene, grazie. A Pasquetta / Lunedì di Pasqua voglio / vorrei fare una gita (fuori porta) con alcuni amici / con qualche amico. Hai voglia di venire? / Ti va di venire?

■ Ma dove volete andare?

● Vogliamo andare a Perugia e passare la giornata lì.

■ Non so... Preferisco restare qui in città...

● Che ne dici di incontrarci / Ti va di incontrarci / Perché non ci incontriamo la sera quando torniamo / torno da Perugia?

■ Per me va bene. Che cosa facciamo?

● Possiamo andare a bere un aperitivo nella nuova enoteca “Bocca di Bacco”.

■ Ottima idea. Come rimaniamo?

● Facciamo lunedì alle 20:00?

■ Perfetto, lunedì sera alle 20:00.

● A lunedì! / Ciao! / A presto!

H3 Cercavo...

▶ 50 **3a Hören Sie das Gespräch und entscheiden Sie, wo es stattfindet.**

A

B

C

☐ in un bar ☐ in un albergo ☐ in un negozio

▶ 50 **3b Hören Sie das Gespräch noch einmal und entscheiden Sie, ob die folgenden Aussagen richtig oder falsch sind.**

	vero	falso
1. Sandra, l'amica di Martina, si è appena sposata.	☐	☐
2. Martina vuole spendere circa 20 €.	☐	☐
3. Il set di tazzine è il regalo perfetto per Sandra.	☐	☐
4. Alla fine Martina compra un vaso.	☐	☐
5. Il regalo costa 45,50 €.	☐	☐

▶ 50 **3c Wer sagt was? Ordnen Sie die folgenden Ausdrücke Martina oder der Verkäuferin zu. Anschließend hören Sie zur Kontrolle.**

Mi può fare un pacchetto regalo? • Quanto viene? • Perché non le regala... • Posso aiutarLa? • Può farmi vedere qualcos'altro? • Quanto vuole spendere? • Cercavo un regalo per... • Che ne pensa di...? • Questo viene... • È per un'occasione speciale? • Vorrei spendere...

Martina	
Commessa	

▶ 51 **3d Sie betreten ein italienisches Geschäft und suchen nach einem Geschenk für einen italienischen Freund. Orientieren Sie sich an den Ausdrücken aus Übung 3c und den folgenden Angaben.**

Esempio ■ Salve, posso aiutarLa?

● Buongiorno. Sì, cercavo un regalo per...

1. Sie suchen nach einem Geschenk für einen Freund.
2. Ihr Freund feiert am Montag Geburtstag und Sie wollen ihm etwas Besonderes schenken.
3. Sie möchten so um die 30 bis 40 Euro ausgeben. Aber auch wenn es ein bisschen mehr kostet, ist es kein Problem.
4. Ihr Freund ist ein sportlicher Typ: Er geht gerne joggen und wandern *(= fare trekking)*.
5. Sie finden die Idee gut und fragen nach dem Preis.
6. Der Preis ist für Sie in Ordnung. Sie fragen nach einer Geschenkverpackung.
7. Sie bedanken sich und verabschieden sich.

H3 Cercavo...

▶ 50 **3a Text / Lösung**

■ Salve, posso aiutarLa?

● Buongiorno. Sì, cercavo un regalo per una mia amica.

■ Ha già qualche idea?

● No, veramente non ho alcuna idea.

■ È per un'occasione speciale? Un compleanno? Un matrimonio?

● Dunque, la mia amica ha appena comprato casa e si è trasferita un mese fa. Mi ha invitata a cena domani sera per festeggiare e vorrei farle un regalo.

■ Quanto vuole spendere?

● Vorrei spendere sui 30-40 €, ma anche se costa un po' di più non è un problema.

■ Vediamo... Perché non le regala un set per la colazione per due persone? Due tazzine, una caffettiera, due tovagliette...

● No, sa... la mia amica si è lasciata da poco con il fidanzato e questo regalo è più adatto a una coppia. Inoltre, Sandra non beve caffè... Può farmi vedere qualcos'altro?

■ Certo. Che ne pensa di un vaso? È un ottimo accessorio d'arredo.

● Ah, mi sembra un'ottima idea. Sandra ama avere sempre fiori freschi in casa.

■ Dunque, vediamo... Questo vaso in ceramica ha una linea semplice, ma moderna.

● Sicuramente le piacerà. Quanto viene?

■ Questo viene 45,50 €.

● Perfetto. Mi può fare un pacchetto regalo?

■ Sì, certo. Guardi, si accomodi alla cassa e la mia collega Le confezionerà il vaso.

● Grazie mille!

■ Arrivederci.

Zum Dialog passt Foto C (in un negozio).

▶ 50 3b Lösung

	vero	falso
1. Sandra, l'amica di Martina, si è appena sposata.	☐	☒
Ha appena comprato casa e si è trasferita un mese fa.		
2. Martina vuole spendere circa 20 €.	☐	☒
Martina vuole spendere circa 30–40 €.		
3. Il set di tazzine è il regalo perfetto per Sandra.	☐	☒
Sandra non beve caffè; inoltre il regalo è adatto a una coppia.		
4. Alla fine Martina compra un vaso.	☒	☐
5. Il regalo costa 45,50 €.	☒	☐

▶ 50 3c Lösung

Martina	*Mi può fare un pacchetto regalo? – Quanto viene? – Può farmi vedere qualcos'altro? – Cercavo un regalo per… – Vorrei spendere…*
Commessa	*Perché non le regala…? – Posso aiutarLa? – Quanto vuole spendere? – Che ne pensa di…? – Questo viene… – È per un'occasione speciale?*

▶ 51 3d Text / Lösung

■ Salve, posso aiutarLa?

● Buongiorno. Sì, cercavo un regalo per un amico.

■ È per un'occasione speciale? Un compleanno? Un matrimonio?

● Il mio amico festeggia il suo compleanno lunedì e vorrei / voglio regalargli qualcosa di speciale / particolare.

■ Quanto vuole spendere?

● Vorrei spendere sui 30–40 €, ma anche se costa un po' di più non è un problema.

■ Che tipo è?

● È un tipo sportivo: gli piace andare a correre e fare trekking.

■ Vediamo... Perché non gli regala un impermeabile sportivo? Così lo può usare quando piove o c'è vento.

● Ottima idea! / Buon'idea! / Mi sembra una buona / un'ottima idea. Quanto viene? / Quanto costa?

■ Dunque, questo viene 41,90 €.

● Perfetto. Mi può fare un pacchetto regalo?

■ Sì, certo. Guardi, si accomodi alla cassa e la mia collega Le fa il pacchetto.

● Grazie mille! Arrivederci.

H4 Belle, proprio belle!

▶ 52 **4a Cristina kommt am Abend recht spät nach Hause. Wo ist sie gewesen? Kreuzen Sie an.**

Cristina è stata tutto il giorno ☐ a fare festa. ☐ a fare spese.

▶ 52 **4b Hören Sie das Gespräch zwischen Cristina und ihrer Mutter mehrmals und vervollständigen Sie – wo möglich – die Informationen zu den Kleidungsstücken.**

	Colore	Caratteristiche	Materiale	Prezzo
gonna		*lunga, di ottima qualità*		
camicetta				*50 €*
maglioncino	*bianco e blu*			–
scarpe				

▶ 53 **4c Beantworten Sie die Fragen Ihrer Gesprächspartner mithilfe der Angaben.**

Esempio aus Baumwolle, 60 €

- ■ Allora, che cosa hai comprato?
- ▲ Ho comprato questi pantaloni marroni di cotone.
- ■ Che belli! Quanto li hai pagati?
- ▲ Li ho pagati 60 €.

1

aus Seide, 35 Euro

2

aus Wolle, 75 Euro

3

aus Leder, 50 Euro

4

aus Seide, 65 Euro

H4 Belle, proprio belle!

▶ 52 **4a Text / Lösung**

- ■ Eccomi, sono tornata!
- ● Cristina, finalmente! Ma dove sei stata fino ad ora?
- ■ Io e Valeria abbiamo passato tutto il pomeriggio nei negozi del centro a cercare vestiti e accessori per il matrimonio di Sandra.
- ● E avete trovato qualcosa di carino?
- ■ Sì, adesso ti faccio vedere. Ecco, per la cerimonia ho preso questa gonna lunga blu scuro.
- ● Che bella! È di seta e di ottima qualità! E poi il blu ti sta benissimo! Quanto l'hai pagata?
- ■ L'ho pagata solo 70 €, un vero affare! Con la gonna ho preso anche una camicetta a maniche corte, sempre di seta bianca. È una M, ma è un po' larga...
- ● Fammi vedere... Oh, che carina! Sì, forse è leggermente larga, ma ci penso io... Sicuramente farai una gran bella figura al matrimonio di Sandra. L'hai pagata molto?
- ■ Ma no, mamma, non era cara, circa 50 €.
- ● Ah, 50 €... e non ti sembra cara?
- ■ Beh... ormai non trovi nulla a meno... Ah, ho preso anche un maglioncino di cotone bianco e blu a righe...
- ● Con la gonna e la camicia è perfetto! E come accessori?
- ■ Guarda, ho preso un paio di scarpe rosse di pelle con il tacco alto...
- ● Rosse? Beh, sono veramente originali. Dove le hai prese?
- ■ Le ho trovate in quel negozio del centro, quello vicino alla pasticceria Bitti... Le ho pagate solo 65 €.
- ● Belle, proprio belle! Sicuramente farai un figurone!

Cristina è stata tutto il giorno ☒ a fare spese.

▶ 52 **4b Lösung**

	Colore	Caratteristiche	Materiale	Prezzo
gonna	*blu scuro*	*lunga, di ottima qualità*	*seta*	*70 €*
camicetta	*bianca*	*a maniche corte, un po' larga*	*seta*	*50 €*
maglioncino	*bianco e blu*	*a righe*	*cotone*	*—*
scarpe	*rosse*	*con il tacco alto*	*pelle*	*65 €*

▶ 53 **4c Text / Lösung**

1. ■ Allora, che cosa hai comprato?
   ● Ho comprato questa cravatta blu di seta.
   ■ Che bella! Quanto l'hai pagata?
   ● L'ho pagata 35 €.
2. ■ Allora, che cosa hai comprato?
   ● Ho comprato questo maglione verde di lana.
   ■ Che bello! Quanto l'hai pagato?
   ● L'ho pagato 75 €.
3. ■ Allora, che cosa hai comprato?
   ● Ho comprato questa cintura nera di pelle.
   ■ Che bella! Quanto l'hai pagata?
   ● L'ho pagata 50 €.
4. ■ Allora, che cosa hai comprato?
   ● Ho comprato questa gonna rossa di seta.
   ■ Che bella! Quanto l'hai pagata?
   ● L'ho pagata 65 €.

I

I Casa dolce casa

I1 L'appartamento è ammobiliato?

▶ 54 **1a Arturo sucht nach einer Wohnung und ruft bei einem Maklerbüro an: Für welche Wohnung interessiert er sich?**

A
Appartamento luminoso composto da cucina, sala da pranzo, due camere da letto e bagno con doccia. Ampio balcone. 750 € spese condominiali non incluse.

B
APPARTAMENTO ammobiliato composto da cucina, una camera da letto, bagno con vasca. 550 € spese condominiali incluse.

C
Trilocale non ammobiliato composto da cucina abitabile, due camere da letto, bagno con vasca e doccia. Appartamento luminoso. 650 € spese condominiali incluse.

▶ 54 **1b Hören Sie den Anruf noch einmal und kreuzen Sie an.**

1. L'appartamento ☐ è libero. ☐ è già affittato.
2. In cucina ☐ ci sono ☐ non ci sono il forno e la lavastoviglie.
3. L'appartamento ☐ ha grandi finestre. ☐ ha grandi porte.
4. Le spese condominiali ☐ includono ☐ non includono l'elettricità e il riscaldamento.
5. Arturo potrebbe vedere l'appartamento ☐ mercoledì mattina. ☐ mercoledì sera.

▶ 54 **1c Vervollständigen Sie das Telefonat hier und auf Seite 99 mit den folgenden Verben. Hören Sie anschließend zur Kontrolle.**

potrebbe • verrei • potremmo • sarebbe • dovrebbero • potrei • darebbe • vorrei • dispiacerebbe

■ Pronto?

● Salve, sono Arturo Campani. Ho letto il Suo annuncio e ________________ sapere se l'appartamento è ancora libero.

■ Sì, è ancora libero. Lo abbiamo messo online solo due giorni fa.

● Ah, perfetto! Senta, mi ________________ qualche informazione sull'appartamento?

- ■ Sì, certo. Allora, si tratta di un trilocale composto da una cucina abitabile, quindi una cucina aperta con un piccolo soggiorno, due camere da letto e un bagno con vasca e doccia.
- ● E... l'appartamento è ammobiliato?
- ■ Eh, no, no. Non è ammobiliato, c'è solo la cucina con il forno e la lavastoviglie.
- ● Ah, benissimo. Così ________________ arredare l'appartamento secondo il mio gusto. C'è anche un balcone?
- ■ No, purtroppo no. Ma l'appartamento è molto luminoso... con grandi finestre...
- ● Senta, da quando ________________ libero?
- ■ Ci sono ancora piccoli lavori di ristrutturazione da fare, ma entro la prossima settimana ________________ finire tutto.
- ● Va bene. Io e la mia ragazza ________________ trasferirci a partire da marzo. E l'affitto è... 650 € al mese, giusto?
- ■ Sì, l'affitto è 650 € con le spese condominiali. Non sono inclusi il riscaldamento e l'elettricità, che deve pagare separatamente.
- ● Senta, se per Lei va bene, io ________________ a vedere l'appartamento nei prossimi giorni.
- ■ Dunque, ________________ venire mercoledì sera.
- ● Perfetto. Le ________________ darmi l'indirizzo?
- ■ Certo, allora... via Gramsci 8, Salerno.

▶ 55 **1d Sie möchten eine Wohnung mieten und rufen beim Maklerbüro „Spazio Casa" an. Informieren Sie sich mithilfe von Übung 1c und den folgenden Angaben.**

Esempio ■ "Spazio Casa", buongiorno.

● Salve, sono *Ihr Vor- und Nachname*. Ho letto il Suo annuncio in Internet e vorrei...

1. Sie stellen sich vor und sagen, Sie haben die Anzeige im Internet gelesen und möchten wissen, ob die Zweizimmerwohnung noch frei ist.
2. Sie fragen, ob es im Bad eine Dusche oder eine Badewanne gibt.
3. Sie fragen, ab wann die Wohnung frei wäre.
4. Das ist für Sie in Ordnung. Sie könnten ab Mitte September umziehen. Sie fragen nach, ob die Miete 750 € im Monat ist.
5. Sie fragen, ob Sie die Wohnung in den nächsten Tagen ansehen könnten.
6. Das ist für Sie perfekt und Sie fragen nach der Adresse.

I1 L’appartamento è ammobiliato?

▶ 54 **1a Lösung**

Zum Telefonat passt die Anzeige C.

▶ 54 **1b Lösung**

1. L’appartamento ☒ è libero.
2. In cucina ☒ ci sono il forno e la lavastoviglie.
3. L’appartamento ☒ ha grandi finestre.
4. Le spese condominiali ☒ non includono l’elettricità e il riscaldamento.
5. Arturo potrebbe vedere l’appartamento ☒ mercoledì sera.

▶ 54 **1c Text / Lösung**

■ Pronto?

● Salve, sono Arturo Campani. Ho letto il Suo annuncio e *vorrei* sapere se l’appartamento è ancora libero.

■ Sì, è ancora libero. Lo abbiamo messo online solo due giorni fa.

● Ah, perfetto! Senta, mi *darebbe* qualche informazione sull’appartamento?

■ Sì, certo. Allora, si tratta di un trilocale composto da una cucina abitabile, quindi una cucina aperta con un piccolo soggiorno, due camere da letto e un bagno con vasca e doccia.

● E... l’appartamento è ammobiliato?

■ Eh, no, no. Non è ammobiliato, c’è solo la cucina con il forno e la lavastoviglie.

● Ah, benissimo. Così *potrei* arredare l’appartamento secondo il mio gusto. C’è anche un balcone?

■ No, purtroppo no. Ma l’appartamento è molto luminoso... con grandi finestre...

● Senta, da quando *sarebbe* libero?

■ Ci sono ancora piccoli lavori di ristrutturazione da fare, ma entro la prossima settimana *dovrebbero* finire tutto.

● Va bene. Io e la mia ragazza *potremmo* trasferirci a partire da marzo. E l’affitto è... 650 € al mese, giusto?

■ Sì, l’affitto è 650 € con le spese condominiali. Non sono inclusi il riscaldamento e l’elettricità, che deve pagare separatamente.

● Senta, se per Lei va bene, io *verrei* a vedere l’appartamento nei prossimi giorni.

- Dunque, *potrebbe* venire mercoledì sera.
- Perfetto. Le *dispiacerebbe* darmi l'indirizzo?
- Certo, allora... via Gramsci 8, Salerno.

▶ 55 **1d Text / Lösung**

- "Spazio Casa", buongiorno.
- Salve, sono *Ihr Vor- und Nachname*. Ho letto il Suo annuncio in Internet e vorrei sapere se il bilocale è ancora libero.
- Sì, è ancora libero. Lo abbiamo messo online solo due giorni fa. Si tratta di un bilocale composto da una cucina, una camera da letto e un bagno.
- Nel bagno c'è la doccia o la vasca da bagno?
- C'è la vasca da bagno.
- Senta, da quando sarebbe libero l'appartamento?
- L'appartamento sarebbe libero dal primo di settembre.
- Per me va bene. Potrei trasferirmi a partire da metà settembre. L'affitto è... 750 € al mese?
- Sì, esatto. L'affitto è 750 € al mese.
- Potrei vedere l'appartamento nei prossimi giorni?
- Dunque, potrebbe venire mercoledì sera.
- Perfetto. Le dispiacerebbe darmi l'indirizzo?
- Certo, allora... Via Marconi 45, Foligno.

12 Lo puoi mettere vicino alla finestra...

▶ 56 **2a Linda ist vor Kurzem in ihre neue Wohnung gezogen und bittet ihren Freund Carlo um Hilfe bei der Einrichtung. Hören Sie das Gespräch und kreuzen Sie an.**

Linda mostra a Carlo ☐ la camera da letto. ☐ la cucina. ☐ il bagno. ☐ il soggiorno.

L'appartamento di Linda ☐ è ☐ non è completamente arredato.

▶ 56 **2b Hören Sie noch einmal: Welche Elektrogeräte und Möbelstücke kommen im Gespräch vor?**

☐ tavolino ☐ armadio ☐ mobile per la TV

☐ divano ☐ letto ☐ tappeto

☐ sedia ☐ lavastoviglie ☐ libreria

☐ lavatrice ☐ lampada ☐ frigorifero

▶ 56 **2c Hören Sie erneut und vervollständigen Sie die Sätze mit den folgenden Ortsangaben.**

sotto il tavolino e davanti al divano • accanto alla libreria • dietro il divano • tra il divano e il mobile per la TV • vicino alla finestra • di fronte al divano

1. Linda può mettere il divano ________________________.
2. Carlo sistemerebbe la libreria ________________________.
3. Linda può mettere il mobile per la TV ________________________.
4. Carlo metterebbe il tavolino ________________________.
5. Linda può mettere la lampada ________________________.
6. Il tappeto lo può mettere ________________________.

▶ 57 **2d Sie helfen nun einem italienischen Freund, seine neue Wohnung einzurichten. Beantworten Sie seine Fragen mithilfe der Angaben, wie im Beispiel.**

Esempio ■ Dove posso mettere il letto?
● Lo puoi mettere di fronte alla finestra, vicino alla porta.

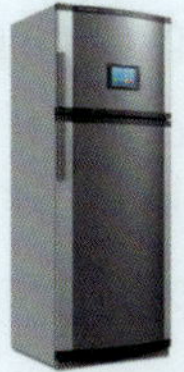

0. gegenüber dem Fenster, neben der Tür
1. neben dem Bett, gegenüber dem Fenster
2. zwischen der Wand (= *parete*) und der Spülmaschine

3. vor dem Fenster, mitten im (= *in mezzo a*) Raum
4. unter dem Tisch, vor dem Sofa
5. zwischen dem TV-Möbel und dem kleinen Tisch

12 Lo puoi mettere vicino alla finestra...

▶ 56 **2a Text / Lösung**

■ Carlo, grazie di essere venuto. Vuoi un caffè?

● Oh, no, grazie. Sono già le 17, poi stasera non dormo.

■ Va bene. Ti faccio vedere subito la mia nuova casa. Come ti dicevo al telefono, solo alcune stanze sono arredate. Ecco, guarda, questa è la cucina.

● Ma che bella... Beh, qui c'è proprio tutto! Hai anche la lavastoviglie... che comoda!

■ Sì, la cucina è ormai arredata. Beh, non c'è tutto, ma quasi. Manca solo il frigorifero.

● Ne puoi comprare uno online: non costa molto e, se lo ordini oggi, arriva fra due giorni.

■ Ah, perfetto! Vieni, ti mostro il soggiorno. Lì però mi devi aiutare: non ho molte idee e vorrei chiederti un consiglio da esperto.

● Ma certo, più che volentieri.

■ Ecco, vedi? Il soggiorno non è ancora arredato e non ho neanche un mobile. Devo comprare ancora tutto. Chissà quanti soldi spendo...

● No, non ti preoccupare. Dunque, vediamo... Il divano lo puoi mettere vicino alla finestra. E la libreria la sistemerei di fronte al divano.

■ Vorrei avere anche un mobile per la TV. Ma dove lo metto?

● Lo puoi mettere accanto alla libreria, a destra o a sinistra. Così puoi creare uno spazio per rilassarti, stare con gli amici, guardare un film o una serie TV.

■ Mi sembra un'ottima idea. Alla fine il soggiorno è la stanza che uso di più in casa. Deve essere comoda e personalizzata.

● Io prenderei anche un bel tavolino, che è sempre utile. Lo metterei tra il divano e il mobile della TV.

■ Vorrei anche una bella lampada. Che dici? La posso mettere dietro il divano?

● È un'ottima idea! Dietro il divano sarebbe perfetta. E poi puoi comprare un bel tappeto e lo puoi mettere sotto il tavolino, proprio davanti al divano.

■ Grazie, Carlo! Si vede che sei un designer d'interni!

Linda mostra a Carlo ☒ la cucina. ☒ il soggiorno.

L'appartamento di Linda ☒ non è completamente arredato.

▶ 56 **2b Lösung**

☒ tavolino, ☒ mobile per la TV

☒ divano, ☒ tappeto

☒ lavastoviglie, ☒ libreria

☒ lampada, ☒ frigorifero

▶ 56 **2c Lösung**

1. Linda può mettere il divano *vicino alla finestra*.
2. Carlo sistemerebbe la libreria *di fronte al divano*.
3. Linda può mettere il mobile per la TV *accanto alla libreria*.
4. Carlo metterebbe il tavolino *tra il divano e il mobile per la TV*.
5. Linda può mettere la lampada *dietro il divano*.
6. Il tappeto lo può mettere *sotto il tavolino e davanti al divano*.

▶ 57 **2d Text / Lösung**

1. ■ Dove posso mettere l'armadio?
   ● Lo puoi mettere / Puoi metterlo vicino al letto, di fronte alla finestra.
2. ■ Dove posso mettere il frigorifero?
   ● Lo puoi mettere / Puoi metterlo tra la parete e la lavastoviglie.
3. ■ Dove posso mettere il divano?
   ● Lo puoi mettere / Puoi metterlo davanti alla finestra, in mezzo alla stanza.
4. ■ Dove posso mettere il tappeto?
   ● Lo puoi mettere / Puoi metterlo sotto il tavolo, davanti al divano.
5. ■ Dove posso mettere la libreria?
   ● La puoi mettere / Puoi metterla tra il mobile per la TV e il tavolino.

I3 In cosa posso esserLe utile?

▶ 58 **3a Sergio hat ein kleines Problem zu Hause. Hören Sie den Anruf beim Kundenservice und kreuzen Sie das passende Bild an.**

A ☐

B ☐

C ☐

▶ 58 **3b Hören Sie das Telefonat noch einmal und bringen Sie die Sätze in die richtige Reihenfolge.**

[1] ■ "Telefonia mia", buongiorno. Sono Marianna, in cosa posso esserLe utile?

[ ] ■ Vediamo... Mi può dare il Suo nome, cognome e indirizzo?

[ ] ■ Mhmm, strano... Ma ha controllato che il cavo della corrente elettrica sia collegato al router?

[ ] ■ Dunque, via delle Grazie 69... No, non ci sono disturbi nella linea della Sua zona.

[ ] ● Salve. Senta, ho un problema con la connessione da tre giorni.

[ ] ■ Ha provato a spegnere e accendere il router?

[ ] ● No... Aspetti un attimo, lo accendo subito... un secondo... No, non funziona.

[ ] ● Sergio Frontini, via delle Grazie 69, Pesaro.

[6] ● Ma com'è possibile? Io non ho Internet da tre giorni e così non posso andare avanti. Lavoro da casa e una buona connessione è fondamentale...

[10] ● Il cavo della corrente? Sì, certo... Ma che domande fa? Vediamo... oh no, scusi... ehm...

▶ 59 **3c Sie sind nun in Italien und wollen ein kleines Problem in Ihrer Wohnung melden. Beantworten Sie die Fragen des Kundenservicemitarbeiters mithilfe der Angaben, wie im Beispiel.**

Esempio Sie haben seit drei Tagen ein Problem mit der Telefonleitung und ohne Telefon können Sie nicht arbeiten.

■ Servizio clienti di "Telefonami", buongiorno. Sono Giacomo, in cosa posso esserLe utile?

● Salve. Senta, ho problemi con la linea telefonica da tre giorni e non riesco a lavorare senza telefono.

■ Un attimo solo... Ora controlliamo. Sì, Le mandiamo subito un tecnico.

1. Ihre Waschmaschine ist kaputt, sie macht komische Geräusche *(= strani rumori)*. Sie müssen sie dringend benutzen, da Sie bald dienstlich verreisen müssen *(= partire per un viaggio di lavoro)*.
2. Ihre Heizung funktioniert nicht. Die ganze Wohnung ist kalt, es ist Dezember und Sie sind leicht krank.

13 In cosa posso esserLe utile?

▶ 58 3a Lösung

Zum Dialog passt Foto B.

▶ 58 3b Text / Lösung

1 ■ "Telefonia mia", buongiorno. Sono Marianna, in cosa posso esserLe utile?

2 ● Salve. Senta, ho un problema con la connessione da tre giorni.

3 ■ Vediamo... Mi può dare il Suo nome, cognome e indirizzo?

4 ● Sergio Frontini, via delle Grazie 69, Pesaro.

5 ■ Dunque, via delle Grazie 69... No, non ci sono disturbi nella linea della Sua zona.

6 ● Ma com'è possibile? Io non ho Internet da tre giorni e così non posso andare avanti. Lavoro da casa e una buona connessione è fondamentale...

7 ■ Ha provato a spegnere e accendere il router?

8 ● No... Aspetti un attimo, lo accendo subito... un secondo... No, non funziona.

9 ■ Mhmm, strano... Ma ha controllato che il cavo della corrente elettrica sia collegato al router?

10 ● Il cavo della corrente? Sì, certo... Ma che domande fa? Vediamo... oh no, scusi... ehm...

▶ 59 3c Text / Lösung

1. ■ Servizio clienti di "Lava e asciuga", buongiorno. Sono Lorenzo, in cosa posso esserLe utile?

   ● Salve. Senta, la mia lavatrice è rotta e fa strani rumori. Devo usarla urgentemente perché presto / a breve devo partire per un viaggio di lavoro.

   ■ Sì, non si preoccupi. Le mandiamo subito un tecnico.

2. ■ Servizio clienti di "Scaldacuore", buongiorno. Sono Carmen, in cosa posso esserLe utile?

   ● Salve. Senta, il (mio) riscaldamento non funziona. L'appartamento è freddo, è dicembre e sono un po' malato (malata).

   ■ Sì, non si preoccupi. Le mandiamo subito un tecnico.

J Buon lavoro!

J1 Anche tu hai fatto carriera!

▶ 60 **1a Giovanni und Cristina unterhalten sich über ihre Berufserfahrungen. Zu wem passt welche Erfahrung?**

chef • studio di architetti • dottorato • design dell'arredamento

Cristina: ______________________

Giovanni: ______________________

▶ 60 **1b Hören Sie das Gespräch noch einmal und kreuzen Sie an.**

1. Dopo l'università Cristina ha fatto ☐ un tirocinio ☐ un corso d'inglese negli Stati Uniti.
2. Cristina ha deciso di specializzarsi in design ☐ dell'arredamento. ☐ industriale.
3. Giovanni ☐ era ☐ non era soddisfatto del lavoro all'università.
4. La passione di Giovanni è sempre stata ☐ la fotografia. ☐ la cucina.
5. Il mese prossimo Giovanni ☐ diventa chef. ☐ apre un ristorante.

▶ 61 **1c Hören Sie das Beispiel und beantworten Sie dann die Fragen zu den Berufserfahrungen von Simona und Arturo.**

Esempio Giulio: Journalist in der Redaktion einer Zeitung – Leidenschaft für Mode → jetzt: Designer für eine bekannte Marke

■ Che cosa ha fatto Giulio in questi anni?

● Ha lavorato come giornalista nella redazione di un giornale.

■ E ora, che cosa fa?

● Ha sempre avuto la passione per la moda e ora è stilista per una marca famosa.

1. Simona: Englischlehrerin an einer Schule – Leidenschaft für Fotografie → jetzt: eröffnet ein eigenes Foto-Studio *(= studio fotografico)*
2. Arturo: Angestellter für eine deutsche Firma – Leidenschaft für Reisen → jetzt: er reist mit seiner Frau durch die ganze Welt

J1 Anche tu hai fatto carriera!

▶ 60 **1a Text / Lösung**

■ Cristina... ma... sei tu?

● Oddio! Giovanni...

■ Esatto!

● Ma quanto tempo!

■ Eh sì, non ci vediamo dal giorno della laurea! Ma scusa... non abitavi negli Stati Uniti?

● Sì, subito dopo la fine dell'università sono partita per New York, dove ho fatto un tirocinio presso uno studio di architetti. E dopo mi hanno offerto un contratto per due anni.

■ Ma hai iniziato subito a lavorare come architetta?

● Sì, sì. Subito dopo il tirocinio. Ho imparato tantissimo in quello studio di architetti... È stata un'esperienza importante.

■ Insomma, hai fatto proprio carriera... E ora, che cosa fai?

● Sai che il design mi ha sempre affascinato, no?

■ Si, certo, mi ricordo.

● Ecco, due anni fa ho deciso di specializzarmi in design dell'arredamento e ora lavoro per una ditta che produce mobili. È un lavoro che mi piace tanto. E tu, che cosa hai fatto in questi anni?

■ Dopo la laurea ho iniziato il dottorato e sono rimasto per un po' in università.

● Oh, wow, complimenti!

■ Sì, preparavo i seminari, facevo lezione ai ragazzi, scrivevo pubblicazioni... Ma alla fin fine non ero soddisfatto e il lavoro non mi piaceva molto.

● E quindi? Che hai fatto?

■ Ho cambiato vita. Ho sempre avuto la passione per la cucina e mi è sempre piaciuto cucinare... E così alcuni anni fa ho frequentato una scuola professionale per diventare chef. Poi ho iniziato a fare pratica in un famoso ristorante di Roma e da aiuto cuoco sono diventato chef...

● Ma pensa... Anche tu hai fatto carriera!

■ Sì, e il mese prossimo apro il mio ristorante, proprio a due passi da qui. Hai voglia di venire all'inaugurazione?

● Volentieri!

Cristina: *studio di architetti, design dell'arredamento*; Giovanni: *dottorato, chef*

▶ 60 **1b Lösung**

1. Dopo l'università Cristina ha fatto ☒ un tirocinio negli Stati Uniti.
2. Cristina ha deciso di specializzarsi in ☒ design dell'arredamento.
3. Giovanni ☒ non era soddisfatto del lavoro all'università.
4. La passione di Giovanni è sempre stata ☒ la cucina.
5. Il mese prossimo Giovanni ☒ apre un ristorante.

▶ 61 **1c Text / Lösung**

1. ■ Che cosa ha fatto Simona in questi anni?
   ● Ha lavorato come insegnante d'inglese in una scuola.
   ■ E ora, che cosa fa?
   ● Ha sempre avuto la passione per la fotografia e ora apre il suo studio fotografico.

2. ■ Che cosa ha fatto Arturo in questi anni?
   ● Ha lavorato come impiegato per un'azienda tedesca.
   ■ E ora, che cosa fa?
   ● Ha sempre avuto la passione per i viaggi e ora viaggia in tutto il mondo con sua moglie.

J2 Cerchiamo una persona...

▶ 62 **2a Martina hat ein Vorstellungsgespräch. Auf welche Stelle bewirbt sie sich?**

L'azienda cerca

☐ un / una responsabile delle vendite.

☐ un / una responsabile della logistica.

▶ 62 **2b Hören Sie das Vorstellungsgespräch erneut und kreuzen Sie an, ob die folgenden Aussagen richtig oder falsch sind.**

	vero	falso
1. Dopo la laurea Martina ha cercato subito un lavoro.	☐	☐
2. A Martina piace lavorare in gruppo.	☐	☐
3. Per il lavoro la conoscenza di lingue straniere è importante.	☐	☐
4. Martina parla il tedesco a un livello elementare.	☐	☐

▶ 62 **2c Vervollständigen Sie das Gespräch nun mit den folgenden Ausdrücken. Hören Sie anschließend zur Kontrolle.**

conoscenza • curriculum vitae • in gruppo • mi sono laureata • mi sono occupata di • colloquio • specializzazione • responsabile • squadra

■ Buongiorno. Prego, si accomodi.

● Buongiorno. Grazie.

■ Ho letto con interesse il Suo ______________________. Ho visto che si è laureata con il massimo dei voti e ha già fatto alcune esperienze.

● Sì, ______________________ in Economia aziendale alla Bocconi e poi ho fatto un corso di ______________________ in marketing a Birmingham.

■ Come sa, noi stiamo cercando una ______________________ delle vendite e del marketing. Ho visto che ha lavorato per l'azienda "Santex", di che cosa si è occupata?

● Ho lavorato per la "Santex" per tre anni e ______________________ organizzare la vendita di prodotti di bellezza.

■ Ottimo! Inoltre, cerchiamo una persona con grande spirito di ______________________.

- Sì, mi piace lavorare ______________________ e scambiare opinioni.
- Per noi, è fondamentale la ______________________ delle lingue straniere. Come leggo sul Suo curriculum, Lei parla anche il tedesco a un livello intermedio alto.
- Sì, durante l'università ho fatto l'Erasmus a Francoforte per sei mesi.
- Molto bene. Beh, la nostra azienda sta cercando una persona dal 1° aprile. Lei potrebbe iniziare per quella data?
- Sì, potrei iniziare il lavoro il 1° aprile.
- Dunque, dobbiamo fare il ______________________ ad altri candidati. Ma appena abbiamo preso una decisione, Le faremo sapere.

▶ 63 **2d Sie bewerben sich nun um eine Stelle als Dozent / Dozentin für Deutsch an einer italienischen Sprachenschule. Übernehmen Sie die Rolle ●.**

	■ Buongiorno. Prego, si accomodi.
Sie grüßen zurück.	● ______________________
	■ Dunque, ho letto con interesse il Suo curriculum. Può raccontarmi qualcosa dei Suoi studi?
Sie haben Sprachen studiert und vor drei Jahren auch ein „Deutsch als Fremdsprache"-Zertifikat erlangt (= ottenere) ...	● ______________________
	■ Ah, interessante...
... und dann haben Sie sofort als Deutschlehrer/-lehrerin in einer Sprachenschule zu unterrichten begonnen.	● ______________________
	■ E Le piace questo lavoro?
Die Arbeit gefällt Ihnen sehr gut: Sie unterrichten gerne Ihre Sprache.	● ______________________
	■ Va bene, grazie mille. Le faremo sapere.
Sie bedanken und verabschieden sich.	● ______________________

J2 Cerchiamo una persona...

▶ 62 2a Lösung

L'azienda cerca ☒ un / una responsabile delle vendite.

▶ 62 2b Lösung

	vero	falso
1. Dopo la laurea Martina ha cercato subito un lavoro. *Dopo la laurea ha fatto un corso di specializzazione in marketing a Birmingham.*	☐	☒
2. A Martina piace lavorare in gruppo.	☒	☐
3. Per il lavoro la conoscenza di lingue straniere è importante.	☒	☐
4. Martina parla il tedesco a un livello elementare. *Martina parla il tedesco a un livello intermedio alto.*	☐	☒

▶ 62 2c Text / Lösung

■ Buongiorno. Prego, si accomodi.

● Buongiorno. Grazie.

■ Ho letto con interesse il Suo *curriculum vitae*. Ho visto che si è laureata con il massimo dei voti e ha già fatto alcune esperienze.

● Sì, *mi sono laureata* in Economia aziendale alla Bocconi e poi ho fatto un corso di *specializzazione* in marketing a Birmingham.

■ Come sa, noi stiamo cercando una *responsabile* delle vendite e del marketing. Ho visto che ha lavorato per l'azienda "Santex", di che cosa si è occupata?

● Ho lavorato per la "Santex" per tre anni e *mi sono occupata di* organizzare la vendita di prodotti di bellezza.

■ Ottimo! Inoltre, cerchiamo una persona con grande spirito di *squadra*.

● Sì, mi piace lavorare *in gruppo* e scambiare opinioni.

■ Per noi, è fondamentale la *conoscenza* delle lingue straniere. Come leggo sul Suo curriculum, Lei parla anche il tedesco a un livello intermedio alto.

● Sì, durante l'università ho fatto l'Erasmus a Francoforte per sei mesi.

■ Molto bene. Beh, la nostra azienda sta cercando una persona dal 1° aprile. Lei potrebbe iniziare per quella data?

● Sì, potrei iniziare il lavoro il 1° aprile.

■ Dunque, dobbiamo fare il *colloquio* ad altri candidati. Ma appena abbiamo preso una decisione, Le faremo sapere.

▶ 63 **2d Text / Lösung**

- ■ Buongiorno. Prego, si accomodi.
- ● Buongiorno. / Salve.
- ■ Dunque, ho letto con interesse il Suo curriculum. Può raccontarmi qualcosa dei Suoi studi?
- ● Mi sono laureato (Mi sono laureata) in lingue e tre anni fa ho ottenuto anche il certificato "Deutsch als Fremdsprache"...
- ■ Ah, interessante...
- ● ... e poi ho iniziato subito a lavorare come insegnante di tedesco in una scuola di lingue.
- ■ E Le piace questo lavoro?
- ● Il lavoro mi piace molto: mi piace insegnare la mia lingua.
- ■ Va bene, grazie mille. Le faremo sapere.
- ● Grazie mille. Arrivederci.

J3 Quasi quasi mi licenzio...

▶ 64 **3a Lucia ruft Marco an: Was ist das Thema des Anrufs? Kreuzen Sie an.**

Lucia e Marco parlano

☐ dei loro colleghi. ☐ delle condizioni di lavoro. ☐ del loro capo.

▶ 64 **3b Hören Sie das Telefonat noch einmal und kreuzen Sie die Zusatzleistungen und Arbeitsbedingungen an, von welchen Lucia profitiert.**

☐ abbonamento dei mezzi di trasporto
☐ lavoro agile
☐ abbonamento in palestra
☐ 30 giorni di ferie
☐ cellulare aziendale
☐ tredicesima

▶ 64 **3c Hören Sie noch einmal und entscheiden Sie sich für die jeweils richtige Option.**

1. Lucia può lavorare da casa

   ☐ un giorno ☐ due giorni ☐ tre giorni alla settimana.

2. Per il capo di Marco, il lavoro agile

   ☐ non è ☐ è come una vacanza.

3. A casa Lucia

   ☐ riesce ☐ non riesce a lavorare bene.

4. Come tante altre persone, Marco ha

   ☐ 30 ☐ 20 giorni di ferie.

▶ 65 **3d Sie geben nun Auskunft über die Arbeitsbedingungen der folgenden Personen. Antworten Sie mithilfe der Angaben, wie im Beispiel.**

Esempio
- ■ Quanti giorni di ferie ha Carlo?
- ● Carlo ha 25 giorni di ferie.
- ■ E può lavorare da casa?
- ● Sì, può lavorare da casa.
- ■ Quali altri benefit ha?
- ● Carlo non riceve la tredicesima a dicembre, ma l'azienda gli offre l'abbonamento ai servizi pubblici.

	ferie	lavoro agile	altro
0. Carlo	25 giorni	✔	✘ tredicesima ✔ abbonamento ai servizi pubblici
1. Marta	30 giorni	✘	✔ tredicesima ✔ abbonamento in palestra
2. Riccardo	20 giorni	✔	✘ tredicesima ✔ macchina aziendale

J3 Quasi quasi mi licenzio...

▶ 64 3a Text / Lösung

- ■ Pronto, Lucia, ciao!
- ● Marco, ciao! Come va?
- ■ Eh, mah, così così... Sono appena tornato dal lavoro, oggi ho avuto una giornata stressante. Sto pensando di cambiare lavoro... Lasciamo perdere! Tu invece?
- ● Tutto bene. Oggi ho lavorato da casa e ho finito proprio poco fa.
- ■ Hai lavorato da casa?
- ● Sì, certo. L'azienda dove lavoro ha introdotto il cosiddetto "smart-working", il lavoro agile. Possiamo lavorare da casa un giorno alla settimana.
- ■ Ah, che comodo! La mia azienda è molto severa. Secondo il mio capo, il lavoro agile è come una vacanza...
- ● Beh, no, non è proprio così. Io da casa lavoro molto bene e non ci sono colleghi che mi disturbano. A proposito di vacanze, tu quanti giorni di ferie hai?
- ■ Beh, 20 giorni di ferie all'anno, come tutti, no?
- ● No, non proprio. Io ho 30 giorni di ferie all'anno...
- ■ 30 giorni di ferie? Ma sono sei settimane!
- ● Sì, 30 giorni di ferie e riesco sempre a usarli tutti. Alla fine noi dipendenti siamo più rilassati e possiamo lavorare meglio.
- ■ Ma quali altri benefit hai?
- ● Beh, ci pagano anche l'abbonamento in palestra.
- ■ L'abbonamento in palestra? Che fortuna! E ricevete anche la tredicesima a dicembre?
- ● Certo! A dicembre riceviamo uno stipendio in più. È come un regalo di Natale!
- ■ Oddio, anche la tredicesima! Sai una cosa? Quasi quasi mi licenzio e vengo a lavorare nella vostra azienda!

Lucia e Marco parlano ☒ delle condizioni di lavoro.

▶ 64 3b Lösung

☒ 30 giorni di ferie, ☒ lavoro agile, ☒ abbonamento in palestra, ☒ tredicesima

▶ 64 **3c Lösung**

1. Lucia può lavorare da casa ☒ un giorno alla settimana.
2. Per il capo di Marco, il lavoro agile ☒ è come una vacanza.
3. A casa Lucia ☒ riesce a lavorare bene.
4. Come tante altre persone, Marco ha ☒ 20 giorni di ferie.

▶ 65 **3d Text / Lösung**

1.

■ Quanti giorni di ferie ha Marta?
● Marta ha 30 giorni di ferie.
■ E può lavorare da casa?
● No, non può lavorare da casa.
■ Quali altri benefit ha?
● Marta riceve la tredicesima a dicembre e l'azienda le offre l'abbonamento in palestra.

2.

■ Quanti giorni di ferie ha Riccardo?
● Riccardo ha 20 giorni di ferie.
■ E può lavorare da casa?
● Sì, può lavorare da casa.
■ Quali altri benefit ha?
● Riccardo non riceve la tredicesima a dicembre, ma l'azienda gli offre la macchina aziendale.

Quellenverzeichnis

Cover, Rücktitel:
© Getty Images/iStock/photoschmidt

Fotos Innenteil:
S. 7: © Thinkstock/iStock/RossHelen
S. 10: A © iStock/elfinima, B © Thinkstock/Goodshoot
S. 14: © Thinkstock/iStock/Antonio Diaz
S. 15: © Getty Images/E+/mixetto
S. 18: Reihe oben von links © Getty Images/iStock/tixti, © Getty Images/iStock Editorial/mekcar, © Getty Images/iStock/obeyleesin, Reihe Mitte von links © Getty Images/iStock/RossHelen, © Getty Images/iStock/IPGGutenbergUKLtd, © Getty Images/iStock/Grassetto
S. 19: © Getty Images/iStock/patat
S. 22: A © Getty Images/E+/Pekic, B © Thinkstock/Kraig Scarbinsky, C © Getty Images/iStock/Jovanmandic, unten © Getty Images/iStock/fatesun
S. 23: oben © fotolia/Alterfalter, Alessio © iStock/Tempura, Luisa © Thinkstock/iStock/R_Type, Marco © Getty Images/E+/Juanmonino
S. 27: © Getty Images/iStock/Sitthiphong
S. 30: A © Getty Images/iStock/Vasyl Dolmatov, B © Getty Images/E+/franckreporter, C © Getty Images/iStock/JoaBal
S. 31: © Getty Images/iStock/LIVINUS
S. 33: © irisblende.de
S. 34: © Getty Images/DigitalVision Vectors/fenix1984
S. 35: © Getty Images/iStock/MoreISO
S. 36: © frenk58 – stock.adobe.com
S. 37: © iStock/LUke1138
S. 39: © Getty Images/iStock/Siegfried Schnepf
S. 40: © Shutterstock.com/GoneWithTheWind
S. 42: A © Getty Images/E+/Casarsa, B © Getty Images/iStock/Baramyou0708, C © Thinkstock/Digital Vision
S. 43: © Getty Images/iStock/Vitalli Yablochniuk
S. 45: Foto © Thinkstock/iStock/fightbegin, Piktos 1, 3 und 4 © stockphoto-graf – stock.adobe.com, 2 © Thinkstock/iStock/tkacchuk
S. 47: Fußball © iStockphoto/strickke, 1 © Getty Images/iStock/Christian Horz, 2 © fotolia/haveseen, 3 © Getty Images/iStock/nd3000, 4 © Thinkstock/iStock/juhide
S. 49: Tasche © iStock/PhilSigin, Rucksack © Getty Images/iStock/ALAMA, Geldbeutel © fotolia/Mihai Simonia
S. 52: © Thinkstock/iStock/Kuvona
S. 53: © Getty Images/iStock/Marzia Giacobbe
S. 55: 1 © Getty Images/iStock/Thomas Francois, 2 © Getty Images/iStock/monticello, 3 © Getty Images/iStock/nerudol, 4 © Getty Images/iStock/Amarita, 5 © Getty Images/iStock/baibaz, 6 © shaiith – stock.adobe.com, 7 © Thinkstock/iStock/DawidKasza
S. 56: jeweils von links Lisa © Getty Images/iStock/monticello, © Getty Images/iStock/baibaz, © Getty Images/iStock/Thomas Francois, © Thinkstock/Hemera, Martino © Getty Images/iStock/gilas, © Thinkstock/iStock/DawidKasza, © shaiith – stock.adobe.com, © Thinkstock/Hemera, Carla e Luca © Getty Images/iStock/Thomas Francois, © shaiith – stock.adobe.com, © Getty Images/iStock/nerudol, © Thinkstock/Hemera, Sie © Thinkstock/iStock/DawidKasza, © Getty Images/iStock/nerudol, © Getty Images/iStock/monticel, © Thinkstock/Hemera
S. 59: von links © Thinkstock/iStock/Olaf Speier, © Getty Images/iStock/OlgaLarionova, © fotolia/k2photostudio, © fotolia/Sandra Cunningham
S. 62: © iStock/Getty Images Plus/oneinchpunch
S. 64: links © Getty Images/iStock/LDProd, rechts © Getty Images/iStock/Goodluz
S. 67: © Shutterstock.com/Aleksandar Todorovic
S. 68: Reihe oben von links © Thinkstock/iStock/VasilySmirnov, © Thinkstock/iStock/hxdbzxy, © Thinkstock/iStock/Mikhail Tchkheid, A © Getty Images/iStock/RugliG, B © Getty Images/iStock/Janoka82, C © Jeanette Dietl – stock.adobe.com, D © Getty Images/iStock/Emiliya Lambeva
S. 69: oben © Getty Images/iStock/DjordjeDjurdjevic, 1 © Getty Images/iStock/kzenon, 2 © Getty Images/iStock/trumzz, 3 © Thinkstock/iStock/fizkes, 4 © Getty Images/iStock/seb_ra
S. 71: © Shutterstock.com/Solis Images
S. 72: A © Getty Images/E4/piola666, B © fotolia/Snezana Skundric, C © Thinkstock/iStock/marilyna, D © Getty Images/iStock/margouillatphotos
S. 73: © Thinkstock/iStock/Martinan
S. 75: © Getty Images/iStock/brizmaker
S. 76: von links © Getty Images/E+/alvarez, © Thinkstock/iStock/monkeybusinessimages, © Gina Sanders – stock.adobe.com
S. 79: © fotolia/Kzenon
S. 80: © Thinkstock/iStock/fazon1
S. 81: © Getty Images/iStock/KatarzynaBialasiewicz
S. 83: © Getty Images/iStock/karelnoppe
S. 84: A © Getty Images/iStock/sturti, B © fotolia/Minerva Stud, C © Getty Images/E+/FG Trade, D © Getty Images/iStock/YakobchukOlena
S. 85: 1 © fotolia/Eray, 2 © Thinkstock/iStock/bukki88, 3 © Thinkstock/iStock/jacoblund, 4 © Thinkstock/Photodisc/Digital Vision
S. 87: © Getty Images/iStock/KellyISP
S. 91: A © Getty Images/E+/filadendron, B © Getty Images/E+/guvendemir, C © Getty Images/iStock/monkeybusinessimages
S. 92: © Getty Images/iStock/LDProd
S. 95: Hose © Getty Images/iStock/popovaphoto, 1 © Getty Images/iStock/nterovium, 2 © fotolia/andrzej.m, 3 © Thinkstock/iStock/mbongorus, 4 © Getty Images/iStock/mawielobob
S. 101: © fotolia/ArTo
S. 102: erste Reihe von links © fotolia/Stockcity, © Getty Images/iStock/urfinguss, © Getty Images/iStock/MileA, zweite Reihe von links © fotolia/NilsZ, © fotolia/Dmitry Vereshchagin, © iStock/montego666, dritte Reihe von links © iStockphoto/YangYin, © Thinkstock/iStockphoto, © Thinkstock/iStock/tiler84, vierte Reihe von links © fotolia/photlook, © Thinkstock/Hemera/Margo Harrison, © Thinkstock/iStock/Oleksiy Mark
S. 103: 0 © fotolia/Dmitry Vereshchagin, 1 © Getty Images/iStock/urfinguss, 2 © Thinkstock/iStock/Oleksiy Mark, 3 © fotolia/NilsZ, 4 © iStock/montego666, 5 © Thinkstock/iStock/tiler84
S. 106: A © Thinkstock/iStock/JoeGough, B © Getty Images/iStock/simpson33, C © Thinkstock/Hemera/Roger Jegg
S. 107: © Getty Images/E+/Cecilie_Arcurs
S. 109: © Thinkstock/iStockphoto
S. 111: © Thinkstock/iStock/Bet_Noire
S. 112: © Thinkstock/iStock/Bplanet
S. 115: © Getty Images/E+/track5
S. 116: © Getty Images/E+/DaniloAndjus
S. 117: © fotolia/Daria Minaeva

Bildredaktion: Cornelia Hellenschmidt, Hueber Verlag, München

Inhalt des MP3-Downloads zum Buch:

Sprecherinnen und Sprecher: Emanuele Banchio, Maria Comune, Cristina Cornelio, Marco Montemarano
Produktion: Atrium Studio Medienproduktion GmbH, München, Deutschland